JN074620

M&A・組織再編会計で誤りやすいケース35

EY新日本有限責任監査法人 編

中央経済社

はじめに

　インターネットの普及によるグローバルな情報の同期化，新型コロナウイルス感染症の拡大による社会変化などによりパラダイムシフトが加速しています。また，人口構造の変化，気候変動や資源不足等の環境問題，人工知能やIoT等のテクノロジーの進化などのメガトレンドは，企業を取り巻く経営環境や産業構造に大きな影響を及ぼします。急激な変化の兆しが見える中，その変化に適応できなければ，企業は成長を持続させることが難しくなります。

　このような経営環境下において，経営戦略の1つとしてM&Aを掲げる企業も多くみられ，近年，日本企業による海外企業の大型買収が相次いでいます。また，M&Aを繰り返してきた企業が事業ポートフォリオを見直し，グループ内部の組織再編に着手する動きもみられ，ノウハウや技術を結集し競争力を高めるための統合型の再編や，コア事業の強化や成長事業・新規事業への投資に経営資源を集中させるためのノンコアである事業や子会社を売却する分離型の再編が行われています。

　M&Aや組織再編に関する会計の検討は専門性が高く複雑であることから，誤りやすい論点が多くあります。本書は，M&Aや組織再編の実務を担当する方の検討に資するため，誤りやすいポイントに焦点を当ててわかりやすく解説しています。

　本書のセクション1では，M&A，組織再編の実行前の検討ポイントとして，目的を達成するためのスキームが複数ある場合，それらの選択により会計処理にどのような違いが生じるのかについて解説しています。次に，セクション2では，実行時の誤りやすい会計処理として，なるべく多くのケースを取り上げ，設例を通じて誤りやすいポイントと特徴的な会計処理をわかりやすく解説しています。そして，セクション3では，実行後において実務上検討が必要な課題について検討ポイントを解説しています。最後に，セクション4では，実行後の誤りやすい会計処理として，実行後に生じる会計論点についてポイントを解説しています。

M&Aや組織再編は，日本企業のさらなる成長や急激な変化への対応のため，今後も増加することが見込まれています。本書が経理実務に携わる皆様やM&Aや組織再編を検討されている経営企画部門等の皆様の業務の一助となれば何よりの喜びです。

　最後になりますが，本書における企画段階から出版に至るまですべてにおいて，中央経済社の末永芳奈氏にはさまざまなご尽力をいただきました。心より御礼申し上げます。

2022年2月

中川　寛将

目　　次

§1

実行前の検討ポイント
──スキームによって会計処理が変わる

§2

実行時の誤りやすい会計処理

株式取得

§3

実行後の検討ポイント

§4

実行後の誤りやすい会計処理

【凡例】

法令，会計準等の名称	略称
金融商品取引法	金商法
金融商品取引法施行令	金商令
会社法	会
会社計算規則	会計規
会社法施行規則	会施規
企業会計基準第21号「企業結合に関する会計基準」	企業結合会計基準
企業会計基準第7号「事業分離等に関する会計基準」	事業分離会計基準
企業会計基準適用指針第10号「企業結合会計基準及び事業分離等会計基準に関する適用指針」	企業結合・事業分離適用指針
会計制度委員会報告第7号「連結財務諸表における資本連結手続に関する実務指針」	資本連結実務指針
企業会計基準第22号「連結財務諸表に関する会計基準」	連結会計基準
企業会計基準第16号「持分法に関する会計基準」	持分法会計基準
企業会計基準第12号「四半期財務諸表に関する会計基準」	四半期会計基準
企業会計基準適用指針第28号「税効果会計に係る会計基準の適用指針」	税効果会計適用指針
企業会計基準適用指針第26号「繰延税金資産の回収可能性に関する適用指針」	繰延税金資産回収可能性適用指針
固定資産の減損に係る会計基準（企業会計審議会）	減損会計基準
企業会計基準適用指針第6号「固定資産の減損に係る会計基準の適用指針」	減損会計適用指針
企業会計基準第10号「金融商品に関する会計基準」	金融商品会計基準
会計制度委員会報告第14号「金融商品会計に関する実務指針」	金融商品会計実務指針
企業会計基準第30号「時価の算定に関する会計基準」	時価算定会計基準
企業会計基準適用指針第31号「時価の算定に関する会計基準の適用指針」	時価算定適用指針
会計制度委員会報告第4号「外貨建取引等の会計処理に関する実務指針」	外貨建取引実務指針

企業会計基準第24号「会計方針の開示，会計上の変更及び誤謬の訂正に関する会計基準」	過年度遡及会計基準
企業会計基準第1号「自己株式及び準備金の額の減少等に関する会計基準」	自己株式等会計基準
企業会計基準適用指針第2号「自己株式及び準備金の額の減少等に関する会計基準の適用指針」	自己株式等会計適用指針
会計制度委員会報告第8号「連結財務諸表等におけるキャッシュ・フロー計算書の作成に関する実務指針」	連結C/F実務指針
会計制度委員会研究報告第14号「比較情報の取扱いに関する研究報告（中間報告）」	比較情報研究報告
法人税法	法法
法人税法施行令	法令
法人税基本通達	法基通

* 括弧書きでの記載方法

    会社法第454条第2項…会454 Ⅱ

実行前の検討ポイント
──スキームによって会計処理が変わる

M&Aや組織再編には，その目的に応じてさまざまなスキームがあり，当事者が複数存在し，そして対価の種類も複数あるため，取り得るパターンが多くなります。その目的を達成するためのスキームやパターンが1つしかないのであれば迷いは生じません。しかしながら，複数の選択肢がある場合，目的をより達成できるのはどのスキーム・パターンでしょうか。会計処理は，選択されたスキームを実行した際の会計基準や経済的実態に応じて行われます。そのため，スキームを選択・実行する前に，実行後の会計処理を検討しておくことが大切です。

本セクションでは，同類のスキームであっても相違点があると会計処理にどう違いが生じるのか，そのポイントを解説します。

ポイント1

グループ外企業の株式取得における会計処理の相違点（取得と株式交換）

➡資本関係のない企業を完全子会社化する場合，株式取得の対価の内容によって
会計処理がどのように異なるのか？
（ケース1）現金を対価とする場合（通常の株式の取得）
（ケース2）株式交換を行う場合（自社の株式（新株発行）を対価とする場合）

❶ 設 例

X1年4月1日において，P社は，資本関係のないT社を完全子会社化する
場合，T社株主に支払う対価の形式により，会計上どのような相違点があるの
か検討を行っている（T社株主群への支払対価250）。

なお，簡便化のため，特に断りのない限り，税効果は考慮しないこととし，
支配獲得時の資産及び負債の時価は簿価と同額と仮定する（以下，設例につき
同じ）。

P社の取得日の前日の貸借対照表

諸資産	1,000	負債	500
		資本金	200
		資本剰余金	200
		利益剰余金	100

T社の取得日の前日の貸借対照表

諸資産	500	負債	300
		資本金	100
		資本剰余金	50
		利益剰余金	50

【スキーム図】

（ケース１）現金を対価とする場合

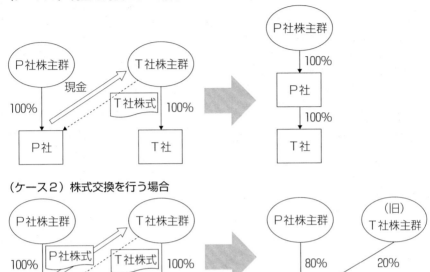

（ケース２）株式交換を行う場合

❷ 解　説

1　取得企業の会計処理（個別）

⑴　各ケースでの主な相違点

　Ｔ社株式の取得の会計処理に関し，各ケースで以下のとおり相違が生じます。

項　　目	ケース１	ケース２
取得後の株主構成	変更なし	変更あり（取得企業の株主が増加）
取得原価の算定	取得する株式の時価で算定	交付する株式の時価で算定
増加資本の算定	なし（増加資本なし）	払込資本として会計処理。内訳項目は会社法の規定に基づき処理。

ケース1 現金を対価とする場合

　本ケースは，P社がT社を100％子会社化するために現金を対価として株式を取得する取引であることから，企業結合上「取得」とみなし，パーチェス法を適用することになります（企業結合・事業分離適用指針29）。すなわち，株式取得日において対価として交付する現金及び株式等の時価で算定することになります。

◆P社における仕訳

（借）　T　社　株　式	250	（貸）　現　　　　　金	250

ケース2 株式交換を行う場合

　本ケースは，P社がP社株式を支払対価としてT社株式を株式交換により取得したケースであり，結合企業であるP社は株式交換完全親会社としての取得の会計処理を行います（企業結合・事業分離適用指針110）。すなわち，交付するP社株式の時価（株式交換日の時価）で算定し，新株発行に伴う払込資本の内訳項目は，会社法の規定に基づいて処理を行います（企業結合会計基準23，企業結合・事業分離適用指針111）。

◆P社における仕訳

（借）　T　社　株　式	250	（貸）　資　本　剰　余　金(※)	250

（※）　本ケースでは全額資本剰余金で会計処理している。

　なお，本ケースでは該当がありませんが，株式取得時に外部アドバイザリー等に支払った報酬・手数料等の取得関連費用は，株式交換完全親会社の個別財務諸表上，金融商品会計実務指針に従って取得原価に含めて処理を行います（企業結合・事業分離適用指針110，金融商品会計実務指針56）。

(2)　各ケースによる取得後のP社の貸借対照表

項　目	取得前	取得後	
		ケース1	ケース2
諸資産	1,000	750	1,000
T社株式	－	250	250
負債	500	500	500
資本金	200	200	200
資本剰余金	200	200	450
利益剰余金	100	100	100
純資産	500	500	750
総資産	1,000	1,000	1,250

2　取得企業の会計処理（連結）

　いずれのケースにおいても，連結上は子会社株式の取得として連結に含めることになり，支配獲得日において，子会社の資産及び負債を時価評価したうえで投資と資本の相殺消去を行います（連結会計基準23，24）。

◆P社における連結仕訳

```
(借)　資　本　金　　　　　100　(貸)　T　社　株　式　　　250
　　　資 本 剰 余 金　　　 50
　　　利 益 剰 余 金　　　 50
　　　の　れ　ん(※)　　　 50
```

（※）　取得原価250と受入資産・引受負債の時価（純額）200の差額。

ポイント

　連結財務諸表においては，T社を子会社化する経済的実態は変わらないことから，いずれのケースでも同一の連結仕訳となる。

5

3　被結合企業の株主の会計処理

ケース1　現金を対価とする場合

　被結合企業株主であるT社株主群は，T社株式をP社に引き渡す対価として，現金を受け取ります。この場合，会計上投資は清算されたとみなされることから，T社株主群の保有するT社株式の帳簿価額と対価の差額を損益として認識します。

◆T社株主群における仕訳

（借）現　　　　金	250	（貸）T　社　株　式	200
		株 式 売 却 益(※)	50

（※）　貸借差額。

ケース2　株式交換を行う場合

　被結合企業株主であるT社株主群は，株式交換によりT社株式を引き渡す代わりに，P社株式を受け取ります。この場合，会計上投資が清算されたとみるのではなく，投資の継続に該当すると考えるため，適正な帳簿価額を基に算定します（事業分離等会計基準43）。

◆T社株主群における仕訳

（借）P　社　株　式(※)	200	（貸）T　社　株　式	200

（※）　引き渡したT社株式の株式交換日直前の適正な帳簿価額。

> ポイント
>
> 被結合企業株主における株式交換による子会社化の損益影響は生じない。

ポイント2

グループ外企業の事業統合における会計処理の相違点（合併と株式移転）

➡資本関係のない企業を統合する場合（事業の統合），合併と株式移転によって会計処理がどのように異なるのか？
　（ケース１）吸収合併を行う場合（新株発行による自社の株式を対価）
　（ケース２）株式移転を行う場合（共同持株会社を設置）

❶ 設　例

　X1年３月31日において，Ｐ社は，Ｓ社株式を100％保有し完全子会社としている。X1年４月１日に，Ｔ社の事業をＰ社グループ（Ｓ社）に統合する場合，会計上どのような相違点があるのか検討を行っている。

Ｓ社の取得日の前日の貸借対照表

諸資産	1,000	負債	500
		資本金	200
		資本剰余金	200
		利益剰余金	100

Ｔ社の取得日の前日の貸借対照表

諸資産	500	負債	300
		資本金	100
		資本剰余金	50
		利益剰余金	50

【スキーム図】

（ケース１）吸収合併を行う場合

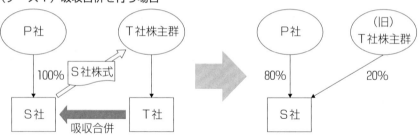

（前提条件）

　S社は，合併対価としてS社株式（時価300）を旧T社株主群に交付し，資本剰余金とした。当該吸収合併により，親会社P社の持分比率は80％に低下した。また，合併後に旧T社株主群が取得したS社株式は子会社株式・関連会社株式のいずれにも該当しない。P社が保有するS社株式の簿価は450であり，P社がS社の支配を獲得した時の利益剰余金は50。

（ケース２）株式移転を行う場合

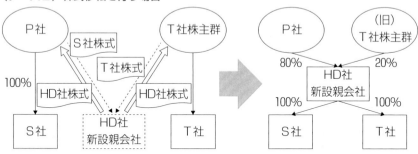

（前提条件）

　株式移転日におけるT社株主群に交付したHD社株式の時価総額は300。P社が保有するS社株式の簿価は450。S社とT社に資本関係はなく，ともに他の子会社，関連会社には該当しない。HD社は，増加すべき株主資本のうち，資本金を600増加させ，残額については資本剰余金とする。

　なお，吸収合併（ケース１）と株式移転（ケース２）は上記のとおり各々ス

キーム及び結合当事者が異なることから，各ケースで比較検討する企業は下表
のとおりとする。

項　目	ケース1	ケース2
結合企業	S社	HD社
被結合企業	T社	S社及びT社
結合企業株主	P社	P社
被結合企業株主	T社株主群	T社株主群

❷ 解　説

1　結合企業の会計処理

(1)　各ケースでの主な相違点

ケース1　吸収合併を行う場合

　本ケースは，S社株式を支払対価としてT社を吸収合併により取得したケー
スであり，結合企業であるS社は合併存続会社として取得の会計処理を行いま
す（企業結合会計基準17）。なお，新株発行により増加する純資産は払込資本
とし，T社の利益剰余金を引き継ぐことはできません。

◆S社における仕訳

(借)	諸　　資　　産	500	(貸)	負　　　　　債	300
	の　　れ　　ん(※2)	100		資 本 剰 余 金(※1)	300

（※1）　対価として交付したS社株式について時価300を払込資本とする。
（※2）　差額により算出。

ケース2　株式移転を行う場合

　本ケースは，P社及びT社株主群による共同持株会社としてHD社を設立し，
S社株式及びT社株式をHD社に株式移転することにより事業を統合するケー
スになります。結合企業であるHD社は株式移転設立完全親会社となり，P社
はHD社の親会社となるため，HD社は，S社株式とT社株式を設立に伴い受け
入れる株式移転完全子会社株式として計上し，併せて増加すべき株主資本の会

計処理を行います（企業結合・事業分離適用指針121）。

　ここで，この株式移転は共通支配下の取引ではない取得と判断されるため，取得企業の決定基準に従っていずれかの株式移転完全子会社を取得企業として判断することになります。このケースではS社が取得企業，T社が被取得企業として処理しています（企業結合・事業分離適用指針120）。

◆HD社における仕訳

| （借） | S 社 株 式 (※1) | 500 | （貸） | 資　本　金 | 600 |
| | T 社 株 式 (※2) | 300 | | 資 本 剰 余 金 (※3) | 200 |

（※1）　株式移転日の前日におけるS社の適正な帳簿価額による株主資本の額に基づき算定（企業結合・事業分離適用指針121(1)①）。

（※2）　T社の株主がHD社に対する実際の議決権比率と同じ比率を保有するのに必要なS社株式を交付したとみなして算定（企業結合・事業分離適用指針121(2)ただし書き）され，株式移転日のT社株主に交付した株式の時価総額300となる。

（※3）　増加すべき株主資本の額800（＝500＋300）－資本金の組入額600＝200

(2)　各ケースによる取得後の結合企業の貸借対照表

項　目	取得前（S社）	取得後	
		ケース1（S社）	ケース2（HD社）
諸資産	1,000	1,500	－
T社株式	－	－	500
S社株式	－	－	300
のれん	－	100	－
負債	500	800	－
資本金	200	200	600
資本剰余金	200	500	200
利益剰余金	100	100	－
純資産	500	800	800
総資産	1,000	1,600	800

（※）　なお，ケース2におけるS社の貸借対照表の金額は取得前と同額である。

ポイント ･･

　吸収合併の場合にはのれんが発生するが，株式移転の場合には株式移転設立完全親会社が受け入れる子会社株式の取得原価に準じて増加資本の額が決定されるため，のれんは発生しない。

･･

2　被結合企業の会計処理

ケース1　吸収合併を行う場合

　被結合企業であるＴ社は，合併により消滅するため，合併期日の前日時点で最終年度の決算を行います。この場合，会計上は清算されたとみて正味売却価額に基づくのではなく，Ｔ社が継続すると仮定して適正な帳簿価額を算定することになります（企業結合・事業分離適用指針83，391）。

◆Ｔ社における仕訳（合併消滅仕訳）

(借)	負 債	300	(貸)	諸 資 産	500
	資 本 金	100			
	資本剰余金	50			
	利益剰余金	50			

ケース2　株式移転を行う場合

　Ｓ社及びＴ社は，結合当事企業ではありますが，株式移転ではＳ社及びＴ社の株主が新設親会社であるHD社に変更されるのみであり，Ｓ社及びＴ社では何ら会計処理は行われません。

3　結合企業の株主の会計処理

ケース1　吸収合併を行う場合

　結合企業Ｓ社の株主である親会社Ｐ社においては，Ｓ社が企業グループ外のＴ社を取得したことにより，子会社株式（Ｓ社株式）の取得原価には影響はないため，個別財務諸表上，Ｔ社に関する会計処理は必要ありません。

　一方で，連結財務諸表上，Ｐ社にとってＳ社の合併の経済的実態は，非支配株主であるＴ社株主群のみがＳ社の割当増資の引受けをした場合と同様になり

ます。S社は合併後も引き続きP社にとって子会社であることから，子会社の時価発行増資等により親会社P社の持分比率が低下する場合の会計処理（連結会計基準30）に準じた会計処理を行うことになります（事業分離等会計基準48(1)①，企業結合・事業分離適用指針287(2)）。

◆P社における仕訳

① 投資と資本の相殺消去

（借）	資　本　金	200	（貸）	S　社　株　式	450
	資本剰余金（期首）	200			
	利益剰余金（期首）	50			

② 持分変動差額の処理

株主割当増資（P社が100％引受け）のあと，20％相当を売却したと考えます。（株主割当増資の消去）

（借）	資　本　剰　余　金	300	（貸）	S　社　株　式	300

（非支配株主へのみなし売却）

（借）	S　社　株　式	300	（貸）	非支配株主持分（※1）	160
				資　本　剰　余　金（※2）	140

（※1） 合併後S社純資産800（合併前純資産500＋増資額300）×20％＝160
（※2） 差額により算出。

③ S社が計上した個別財務諸表上ののれんの処理

S社が個別財務諸表にて吸収合併により計上したのれん100のうち，非支配株主持分に相当する部分ののれん20を控除します。この結果，吸収合併により計上する連結財務諸表上ののれんは80になります。

（借）	非支配株主持分	20	（貸）	の　　れ　　ん（※）	20

（※） 個別財務諸表上ののれん100（1　結合企業の会計処理(1)参照）×非支配株主持分比率20％＝20

ただし，子会社で取得した事業（のれんを含む）について持分を有するものととらえる見解（企業結合・事業分離適用指針397）により，個別財務諸表上ののれんをそのまま連結財務諸表で計上することができます（企業結合・事業分離適用指針98(2)②ただし書き）。その場合，上記仕訳は不要となります。

ケース2　株式移転を行う場合

　　S社の株主であるP社は，株式移転前には分離先企業（HD社）の株式を保有していませんが，株式移転によりHD社の株式を取得することになります。したがって，事業分離により，分離先企業であるHD社が新たに分離元企業（P社）の子会社となる場合に該当します。

　　このケースでは，P社の個別財務諸表上，移転損益は認識せず，P社が受け取ったHD社の株式の取得原価は，移転した事業にかかる株主資本相当額に基づいて算定されます（事業分離等会計基準48(1)①，38，17(1)）。このため，S社株式の簿価に基づきHD社株式の取得原価を算定します。

◆P社における仕訳（個別）

| （借）　H D 社 株 式(※) | 450 | （貸）　S 社 株 式 | 450 |

（※）　P社が保有するS社株式の株式移転日直前の適正な帳簿価額。

　　一方で，連結財務諸表上は結合企業HD社の株主であるP社は，子会社であるHD社及び孫会社であるS社及びT社を連結します。今回の連結仕訳はいわゆるフラット連結方式（各子会社の財務諸表を親会社で合算し，連結手続を行う方式）により実施しています。

　　P社が直接保有する株式はS社株式からHD社株式に変更されているものの，HD社が株式移転に伴いT社の株主に対して新株（HD社株式）を交付することにより，経済的実態としてはP社のS社に対する株式移転前の持分比率が減少すると考えられます。すなわち，株式移転後の非支配株主（旧T社株主群）にHD社の株主割当増資がなされた場合と同様であり，子会社の時価発行増資等により親会社の持分比率が低下する場合と同様の会計処理（連結会計基準30）を行うことになります（事業分離等会計基準48(1)①，企業結合・事業分離適用指針287(2)）。

◆P社における仕訳（連結）

①　HD社の資本連結手続

　　HD社の資本連結の手続は，連結会計基準に従いS社とT社に対する投資と資本をそれぞれ相殺消去します（企業結合・事業分離適用指針124）。連結財務

諸表上，S社の資産及び負債の適正な帳簿価額を原則としてそのまま引き継ぎます（連結財務諸表を作成している場合には連結財務諸表上の帳簿価額で引き継ぎます）。ただし，連結財務諸表上の資本金はHD社の資本金とし，これとS社の資本金が異なる場合には，その差額は資本剰余金に振り替えます（企業結合・事業分離適用指針125）。

（借）	資　本　金	200	（貸）	S　社　株　式	500
	資本剰余金(期首)	200			
	利益剰余金(期首)	100			

（借）	資　本　金	100	（貸）	T　社　株　式	300
	資本剰余金(期首)	50			
	利益剰余金(期首)	50			
	の　れ　ん(※1)	100			

（借）	資　本　剰　余　金(※2)	100	（貸）	利益剰余金(期首)	100

（※1）　取得原価（300）と取得原価の配分額（資産500－負債300＝200）の差額はのれんとして認識する。

（※2）　株主資本項目の調整として，HD社の連結財務諸表上，S社の利益剰余金を引き継ぎ，差額は資本剰余金に振り替える。

②　HD社株式（旧S社株式）の投資と資本の相殺消去

P社が直接保有する株式は，株式移転に伴いS社株式からHD社株式に変更になっています。しかし，保有するHD社株式の簿価450は，S社株式をHD社株式に振り替えたにすぎず，HD社を介したS社に対する持分になります。このため，HD社を介してS社に対する投資と資本の相殺消去を行います。

（借）	資　本　金	200	（貸）	S　社　株　式	450
	資本剰余金(期首)	200			
	利益剰余金(期首)	50			

（借）	資　本　金(※)	400	（貸）	資　本　剰　余　金	400

（※）　株式移転前にP社が支配していたS社の資本金は200，資本剰余金は200，取得時利益剰余金は50であるが，株式移転により連結財務諸表上HD社の資本金は600となったため，差額を資本剰余金で調整する。

③　持分変動差額の処理

株主割当増資（100％引受け）のあと，20％相当を売却したと考えます。

14

| （借）　資本剰余金 | 300 | （貸）　Ｈ　Ｄ　社　株　式^{（※）} | 300 |

（※）　HD社純資産変動額（T社株式時価）

| （借）　Ｈ　Ｄ　社　株　式 | 300 | （貸）　非支配株主持分^{（※1）} | 160 |
| | | 　　　　資　本　剰　余　金^{（※2）} | 140 |

（※1）　増加する非支配株主持分：HD社純資産800（＝S社純資産500＋T社株式時価300）
　　　　×減少持分割合20％＝160

（※2）　差額により算出。

④　T社を取得したことに伴い生じたのれんの調整

T社を取得したことに伴い計上したのれん100のうち，非支配株主持分相当部分を控除する。

| （借）　非支配株主持分 | 20 | （貸）　の　　れ　　ん^{（※）} | 20 |

（※）　のれん100×非支配株主持分比率20％＝20

ポイント

いずれのケースにおいても，連結財務諸表の会計処理は，非支配株主であるT社株主群のみがS社の株主割当増資の引受けをした場合と同様のものとなり，持分変動差額の修正処理が必要になる。また，吸収合併では個別財務諸表上で発生していたT社株式取得に伴うのれんは，株式移転の場合，連結財務諸表上で計上されることになる。結果としてはいずれのケースであってもグループ全体の経済的実態は異ならないため，連結貸借対照表の金額は同一になるものと考えられる。

4　被結合企業の株主の会計処理

ケース1　吸収合併を行う場合

被結合企業の株主が保有していた被結合企業T社の株式が結合企業S社の株式に交換されたため，事業分離等会計基準における受取対価が結合企業の株式のみである場合に該当します。このケースでは，関連会社に該当しないことから，その他有価証券からその他有価証券になる場合になります（事業分離等会計基準43）。

被結合企業の株主からみるとT社株式からS社株式に交換されますが，交換損益は認識せず，引き換えられたT社株式の合併直前の適正な帳簿価額により

S社株式を計上します。

◆T社株主群における仕訳

| (借) S 社 株 式 | 200 | (貸) T 社 株 式 | 200 |

（＊）　適正な帳簿価額を200と仮定。

ケース2 　株式移転を行う場合

　T社株主群が保有しているT社の株式が株式移転設立完全親会社HD社の株式に交換されるため，事業分離等会計基準における受取対価が結合企業の株式のみである場合に該当します。このケースでは，旧T社の株主からみて関連会社に該当しないことから，ケース1と同様に，その他有価証券からその他有価証券になる場合になります（事業分離等会計基準43）。旧T社の株主からみると，T社株式からHD社株式に交換されますが，交換損益は認識せず，引き換えられたT社株式の株式移転直前の適正な帳簿価額200によりHD社株式を計上します。

◆T社株主群における仕訳

| (借) H D 社 株 式 | 200 | (貸) T 社 株 式 | 200 |

（＊）　適正な帳簿価額を200と仮定。

ポイント3

グループ内再編における会計処理の相違点（100％子会社への事業譲渡・会社分割）

➡100％子会社に事業を移転する場合，事業の対価の内容によって会計処理がどのように異なるのか？
　（ケース1）子会社株式を対価（新株発行時時価300）とする場合
　（ケース2）現金を対価（300）とする場合
　（ケース3）無対価とする場合

❶ 設 例

　X1年3月31日において，P社は，S社株式を100％保有し完全子会社としている。X1年4月1日に，P社はA事業をS社に移転する場合，S社が親会社であるP社に支払う対価の内容によって，会計上どのような相違点があるのか検討を行っている。

【スキーム図】

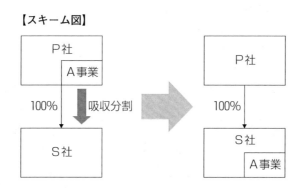

Ｐ社の分割期日前日の貸借対照表

諸資産	1,300	負債	600
Ｓ社株式	200	資本金	400
		資本剰余金	300
		利益剰余金	100
		評価・換算差額等	100

Ｓ社の分割期日前日の貸借対照表

諸資産	1,000	負債	400
		資本金	200
		利益剰余金	300
		評価・換算差額等	100

Ａ事業の分割期日前日の貸借対照表

諸資産	300	負債	50
		純資産見合い	250
		（評価・換算差額等）	(20)

❷ 解 説

　上記設例は，Ｐ社の有するＡ事業を子会社であるＳ社に移転する事業分離であり，同一の株主（企業）により支配されている親会社と子会社の企業結合として，共通支配下の取引に該当します（企業結合・事業分離適用指針203-2(2)①，204(1)⑤⑥）。

1　分離先企業（Ｓ社）の会計処理

(1)　各ケースでの相違点

　増加資本の会計処理に関し以下のとおり各ケースで相違が生じます。

ケース	増加資本の会計処理	備　考
ケース1 （株式対価）	払込資本の増加（資本金または資本剰余金）	払込対価（時価）による評価替えは行われない

| ケース2
（現金対価） | 増加資本なし | 被結合企業の純資産額と現金の差額としてのれんが発生 |
| ケース3
（無対価） | 株主資本を引き継ぐ（資本剰余金または利益剰余金） | 資本金及び資本準備金は増加しない |

※　その他の包括利益については，いずれの場合においてもそのまま移転直前の適正な帳簿価額で引き継がれる。

ケース1　S社株式を対価とする場合

　子会社のS社が親会社のP社から受け入れる資産及び負債は，分割期日の前日に付された適正な帳簿価額により計上します（企業結合・事業分離適用指針227(1)）。また，移転事業にかかる評価・換算差額等を引き継ぐとともに，移転事業にかかる株主資本相当額は払込資本として処理します（企業結合・事業分離適用指針227(2)）。

◆S社におけるA事業に係る移転仕訳

（借）諸　資　産	300	（貸）負　　　　債	50
		資本剰余金(※)	230
		評価・換算差額等	20

（※）　増加すべき払込資本の内訳項目は，資本剰余金と仮定。

ケース2　現金を対価とする場合

　分離先企業であるS社が受け入れた資産及び負債は，移転直前のP社における適正な帳簿価額により計上し，当該価額と支払った現金との差額はのれんとして処理します（企業結合・事業分離適用指針224）。

◆S社におけるA事業に係る移転仕訳

（借）諸　資　産	300	（貸）負　　　　債	50
のれん(※)	70	現　　　　金	300
		評価・換算差額等	20

（※）　貸借差額。

ここに注意! ┈┈┈┈┈┈┈┈┈┈┈┈┈┈┈┈┈┈┈┈┈┈┈┈┈┈┈┈

　移転事業に係る評価・換算差額等は，対価が現金等の財産のみの場合においても引き継ぐことになる（企業結合・事業分離適用指針224(2)）。

┈┈

ケース3　無対価とする場合

　分離先であるS社は，承継会社として親会社から受け入れる資産及び負債を，分割期日の前日に親会社で付された適正な帳簿価額により計上します。その際，増加させる資本（移転事業にかかる株主資本相当額）は，会社法の規定に基づき，親会社が変動させた株主資本の額を計上します（企業結合・事業分離適用指針203-2(2)①，234，437-3）。

　なお，受け入れた資産及び負債に関連する繰延税金資産及び繰延税金負債についても承継会社S社が引き継ぎ，評価・換算差額等が含まれている場合も帳簿価額をそのまま引き継ぐことになります。

◆S社におけるA事業に係る移転仕訳

```
（借）諸　資　産　　　　300　（貸）負　　　　債　　　　 50
                              資 本 剰 余 金 (※)    200
                              利 益 剰 余 金 (※)     30
                              評価・換算差額等        20
```

（※）　分離先であるS社は，分離元であるP社の取り崩した株主資本（資本剰余金200，利益剰余金30）を承継するものとする。

(2)　各ケースによる事業移転後のS社の貸借対照表

項　目	移転前	移転後		
		ケース1	ケース2	ケース3
諸資産 （うち，のれん）	1,000	1,300	1,070 (70)	1,300
負債	400	450	450	450
資本金	200	200	200	200
資本剰余金	－	230	－	200

20

利益剰余金	300	300	300	330
評価・換算差額等	100	120	120	120
純資産	600	850	620	850
総資産	1,000	1,300	1,070	1,300

2 分離元企業（P社）の会計処理（単体）

(1) 各ケースでの相違点

P社の保有していたA事業の移転に関する会計処理に関し，下表のとおり各ケースで相違が生じます。

ケース	A事業と事業対価に係る会計処理	損益インパクト
ケース1 （株式対価）	新たに引き受けたS社株式を移転した事業にかかる株主資本相当額に基づき算定	なし
ケース2 （現金対価）	受け取った現金を移転前に付された適正な帳簿価額により計上し，移転事業にかかる株主資本相当額との差額を移転損益として計上	あり
ケース3 （無対価）	分離元企業で取り崩した株主資本の額をそのまま引き継ぐ	なし

ケース1 S社株式を対価とする場合

P社が会社分割により取得するS社株式の取得原価は，移転した事業にかかる株主資本相当額に基づき算定します（事業分離等会計基準19(1)，企業結合・事業分離適用指針226）。

◆P社におけるA事業と移転対価の引換えに関する仕訳

（借）	S 社 株 式(※)	230	（貸）	諸 資 産	300
	負 債	50			
	評価・換算差額等	20			

（※） 貸借差額。

ケース2 現金を対価とする場合

　分離元企業であるP社は，S社から受け取った現金等の財産を移転前に付された適正な帳簿価額により計上し，当該価額と移転したA事業にかかる株主資本相当額との差額を移転損益として認識します（企業結合・事業分離適用指針223）。

◆P社におけるS社株式と対価の引換えに関する仕訳

(借)	現　　　　　金	300	(貸)	諸　　資　　産	300
	負　　　　　債	50		移　転　損　益(※)	70
	評価・換算差額等	20			

（※）　貸借差額。

ケース3 無対価とする場合

　P社とS社が完全親子会社関係にある場合には，対価が支払われる場合と対価が支払われない場合のいずれも企業集団の経済的実態には影響を与えないため，会計処理に大きな違いが生じることは適当ではありません。したがって，分離元企業で取り崩した株主資本の額を分離先企業が引き継ぐことになります（企業結合・事業分離適用指針437-3）。

　本ケースのように，親会社であるP社が100％子会社S社に事業を移転し，対価の受渡しが行われない場合，親会社が子会社に分割型会社分割で事業を移転する場合の処理に準ずることになります（企業結合・事業分離適用指針203-2(2)①，233，446）。すなわち，分離元であるP社においては，移転する事業にかかる資産及び負債（関連する繰延税金資産または繰延税金負債を含む）に対応する株主資本の額を変動させる会計処理を行います。

◆P社におけるS社株式に関する仕訳

(借)	負　　　　　債	50	(貸)	諸　　資　　産	300
	資　本　剰　余　金(※)	200			
	利　益　剰　余　金(※)	30			
	評価・換算差額等	20			

（※）　変動させる株主資本内訳は，取締役会等の会社の意思決定機関において定められた額

（資本剰余金200，利益剰余金30）と仮定。

(2) 各ケースによる事業移転後のP社の貸借対照表（個別）

項　目	移転前	移転後		
		ケース1	ケース2	ケース3
諸資産	1,300	1,000	1,300	1,000
S社株式	200	430	200	200
負債	600	550	550	550
資本金	400	400	400	400
資本剰余金	300	300	300	100
利益剰余金	100	100	170	70
評価・換算差額等	100	80	80	80
純資産	900	880	950	650
総資産	1,500	1,430	1,500	1,200

3 分離元企業（P社）の会計処理（連結）

(1) 各ケースでの相違点

　上述のとおり，個別財務諸表においては，各ケースによって会計処理が異なる部分がありますが，親会社であるP社にとっては，事業移転前のS社も移転後のS社も引き続き子会社であり，本設例のような完全親子会社間における共通支配下の取引としての事業の移転は企業集団内における純資産等の移転取引に等しいものと考えられます。

　したがって，P社の保有するA事業をS社に移転しても，連結財務諸表における経済的実態は事業を移転する前と同様であるため，いずれのケースにおいても個別財務諸表上で処理された取引は連結上調整され，事業の移転による影響は生じません。

　親会社であるP社にとっては，A事業移転前のS社も移転後のS社も引き続き子会社であることから，個別財務諸表上適正な帳簿価額で計上された純資産等については，連結財務諸表上もそのまま引き継がれることになり，いずれの

ケースも以下の開始仕訳が計上されます。

◆開始仕訳──Ｓ社の投資と資本の相殺消去

| (借) | 資　本　金 | 200 | (貸) | Ｓ　社　株　式 | 200 |

上記の開始仕訳に加え，各ケースにおいて以下の連結仕訳が必要となります。

ケース1　S社株式を対価とする場合

　個別財務諸表上で実施したＰ社の事業の移転とこれに伴うＳ社の増資は，内部取引として消去されます（企業結合会計基準44，企業結合・事業分離適用指針229(1)）。なお，非支配株主がいる場合には，会社分割により追加取得したＳ社にかかる持分の増加分と，移転したＡ事業にかかるＰ社持分の減少額との差額を資本剰余金として計上します（企業結合・事業分離適用指針229(2)）。

◆内部取引の消去に関する連結仕訳

| (借) | 資　本　剰　余　金 | 230 | (貸) | Ｓ　社　株　式 | 230 |

ケース2　現金を対価とする場合

　上述のとおり，共通支配下における親子間の事業の移転は企業集団における純資産等の移転取引に等しいことから，Ｐ社において個別財務諸表上計上された移転損益は，連結財務諸表上，未実現損益の消去に準じて処理し，分離先企業であるＳ社の個別財務諸表にて認識されるのれんと消去します（企業結合・事業分離適用指針225）。

◆移転損益の消去に関する連結仕訳

| (借) | 移　転　損　益 | 70 | (貸) | の　れ　ん | 70 |

ケース3　無対価とする場合

　無対価の会社分割を行った後もＰ社とＳ社における完全親子会社関係は変わっていません。また，移転する事業にかかる資産及び負債の個別財務諸表上の帰属は変わったものの，この会社分割は，企業集団の経済的実態には影響を

与えていません。このことから，連結財務諸表上，修正仕訳は必要ありません。

ポイント

　連結財務諸表においては，いずれのケースでも経済的実態は変わらないことから，同一の貸借対照表となる。一方，個別財務諸表上，対価を現金とする場合は，対価を株式とする場合または無対価とする場合とは異なり，分離先企業にはのれんが計上され，分離元企業には移転損益が計上される。

ポイント4

グループ内企業の持株会社化における会計処理の相違点（会社分割と株式移転）

➡持株会社化する場合，会社分割と株式移転によって会計処理がどのように異なるのか？

(ケース1) 吸収分割を行う場合（100%子会社に会社分割を行うことにより持株会社化する場合）

(ケース2) 新設分割を行う場合（100%子会社を新設して事業を移転する場合（分社型新設分割））

(ケース3) 株式移転を行う場合（共同持株会社を新設する場合）

❶ 設 例

X1年3月31日において，P社は，S社株式を100%保有し完全子会社としている。X1年4月1日に，P社は事業管理を行う持株会社化を検討しており，P社の有する全事業（A事業）を切り離して吸収分割または新設分割を行う場合，共同持株会社（HD社）を新設するため株式移転を行う場合で，会計上どのような相違点があるのか検討を行っている。

P社の取引日の前日の貸借対照表

諸資産	1,300	負債	600
S社株式	200	資本金	400
		資本剰余金	300
		利益剰余金	100
		評価・換算差額等	100

S社の取引日の前日の貸借対照表

諸資産	1,000	負債	400
		資本金	200
		利益剰余金	300
		評価・換算差額等	100

A事業の取引日の前日の貸借対照表

諸資産	300	負債	50
		純資産見合い	250
		（評価・換算差額等）	(20)

【スキーム図】

（ケース1）吸収分割を行う場合

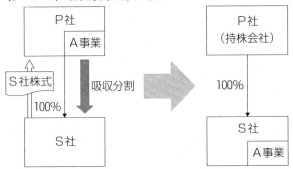

（ケース2）新設分割を行う場合

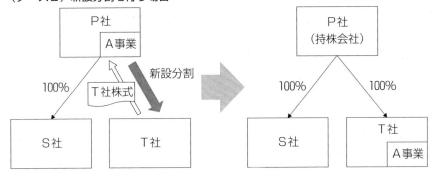

（ケース3）　株式移転を行う場合

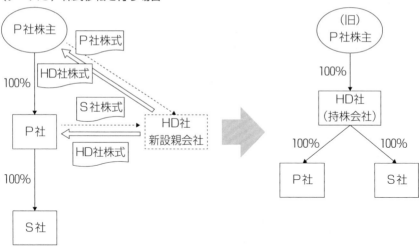

（前提条件）

　HD社は，増加すべき株主資本のうち，資本金を1,000増加させ，残額については資本剰余金とする。なお，P社もHD社株式を保有することになるが，相互保有により議決権が停止しているため上記持分比率の算定においては除外している。

❷　解　説

　本設例は，いずれも共通支配下の取引に該当します（企業結合・事業分離適用指針226〜229，239〜241-3）。

1　持株会社の会計処理（個別）

⑴　各ケースでの主な相違点

ケース1　吸収分割を行う場合

　本ケースは，親会社であるP社の事業（A事業）を会社分割により100％子会社に移転したケースであり，事業譲渡に伴い持株会社になるP社が会社分割により追加取得するS社株式の取得原価は，移転した事業にかかる株主資本相

当額に基づき算定します（事業分離等会計基準19(1)，企業結合・事業分離適用指針226）。

◆P社におけるA事業と移転対価の引換えに関する仕訳

（借）　S　社　株　式(※)	230	（貸）　諸　　資　　産	300
負　　　　　債	50		
評価・換算差額等	20		

（※）　A事業純資産見合い250−評価・換算差額等20＝230

ケース2　新設分割を行う場合

　本ケースは，親会社が有するA事業を新設するT社に対して会社分割で移転し，T社株式を受け取ったケースであり，共通支配下の取引に該当します。単独新設分割により子会社を設立することは，100％子会社を設立し，その後当該子会社株式のみを対価として会社分割を行う場合と同様，投資の継続としてその経済的実態は同様であると考えられます。このため，単独新設分割による分離元企業（P社）の会計処理は子会社株式のみを対価とする会社分割により，親会社が子会社に事業を移転する場合の親会社の会計処理に準じた処理を行います（企業結合・事業分離適用指針260，226）。

◆P社におけるA事業と移転対価の引換えに関する仕訳

（借）　T　社　株　式(※)	230	（貸）　諸　　資　　産	300
負　　　　　債	50		
評価・換算差額等	20		

（※）　A事業純資産見合い250−評価・換算差額等20＝230

ケース3　株式移転を行う場合

　本ケースは，P社及びS社により共同持株会社であるHD社を設立し，P社株式及びS社株式をHD社に株式移転するケースであり，結合企業であるHD社はP社とS社の純粋持株会社になります。HD社は，P社株式とS社株式を設立に伴い受け入れる株式移転完全子会社株式を計上し，併せて増加すべき株主資本の会計処理を行います（企業結合・事業分離適用指針239）。

　旧親会社株式（P社株式）は株式移転日の前日における適正な帳簿価額によ

る株主資本の額で算定され，旧子会社株式（Ｓ社株式）についても，株式移転日の前日におけるＳ社の適正な帳簿価額による株主資本の額で算定されます（企業結合・事業分離適用指針239(1)②ア）。なお，Ｓ社に非支配株主がいる場合には，非支配株主へ交付した完全親会社株式の時価で取得原価が算定されます（企業結合・事業分離適用指針239(1)②）。株式移転設立完全親会社であるHD社の増加すべき株主資本は払込資本として処理し，その内訳項目（資本金，資本準備金，その他資本剰余金）は会社法の規定に基づき決定されます（企業結合・事業分離適用指針239(2)）。

　一方，株式移転完全子会社となるＰ社においては，Ｓ社株式と引換えに受け入れたHD社株式の取得原価がＳ社株式の株式移転直前の適正な帳簿価額により計上されることから，Ｓ社株式をHD社株式に振り替えるのみであり，Ｐ社における株式移転に伴う個別財務諸表上の損益の影響はありません（企業結合・事業分離適用指針239-4）。

◆HD社における仕訳

| （借） | Ｐ 社 株 式[※1] | 800 | （貸） | 資 本 金 | 1,000 |
| | Ｓ 社 株 式[※2] | 500 | | 資 本 剰 余 金[※3] | 300 |

（※１）　株式移転日の前日におけるＰ社の適正な帳簿価額による株主資本の額。
（※２）　株式移転日の前日におけるＳ社の適正な帳簿価額による株主資本の額。
（※３）　増加すべき株主資本の額1,300（＝800＋500）−資本金の組入額1,000＝300

◆P社における仕訳

| （借） | ＨＤ 社 株 式 | 200 | （貸） | Ｓ 社 株 式 | 200 |

(2)　各ケースによる持株会社化後の結合企業の貸借対照表

項　目	持株会社化前（P社）	持株会社化後			
		ケース１（P社）	ケース２（P社）	ケース３	
				（P社）	（HD社）
諸資産	1,300	1,000	1,000	1,300	−
HD社株式	−	−	−	200	−

P社株式	－	－	－	－	800
S社株式	200	430	200	－	500
T社株式	－	－	230	－	－
負債	600	550	550	600	－
資本金	400	200	200	400	1,000
資本剰余金	300	500	500	300	300
利益剰余金	100	100	100	100	－
評価差額	100	80	80	100	－
純資産	900	880	880	900	1,300
総資産	1,500	1,430	1,430	1,500	1,300

ポイント

　個別財務諸表上，ケース1とケース2では所有する子会社株式の金額が異なるのみであるが，ケース3では子会社を管理する機能をHD社が有することになるため，ケース1及びケース2とは大きく異なる。

2　持株会社の会計処理（連結）

(1)　各ケースでの主な相違点

ケース1　吸収分割を行う場合

　個別財務諸表上で実施したP社の事業の移転とこれに伴うS社の増資は，内部取引として消去されます（企業結合会計基準44，企業結合・事業分離適用指針229(1)）。なお，非支配株主がいる場合には，会社分割により追加取得したS社にかかる持分の増加分と，移転したA事業にかかるP社持分の減少額との差額を資本剰余金として計上します（企業結合・事業分離適用指針229(2)）。

◆内部取引の消去に関する連結仕訳

（借）　資　　本　　金(※) 　　　200	（貸）　S　社　株　式	230
資 本 剰 余 金(※) 　　　 30		

（※）　S社の個別財務諸表上のA事業に係る移転仕訳で発生（以下の仕訳参照）。

◆（参考）S社におけるA事業に係る移転仕訳

（借）諸　資　産	300	（貸）負　　　　　債	50
		資　本　金[(※)]	200
		資本剰余金[(※)]	30
		評価・換算差額等	20

（※）　増加すべき払込資本の内訳項目は，資本金200，資本剰余金30と仮定。

ケース2　新設分割を行う場合

　単独新設分割により子会社T社を設立したことにより，P社は連結財務諸表上，事業の移転取引及びT社の増加すべき株主資本に関する取引を内部取引として消去します（企業結合・事業分離適用指針262，企業結合会計基準44）。

◆内部取引の消去に関する連結仕訳

| （借）資　本　金[(※)] | 200 | （貸）T　社　株　式 | 230 |
| 資本剰余金[(※)] | 30 | | |

（※）　T社個別上のA事業に係る移転仕訳で発生（以下の仕訳参照）。

◆（参考）T社におけるA事業に係る移転仕訳

（借）諸　資　産	300	（貸）負　　　　　債	50
		資　本　金[(※)]	200
		資本剰余金[(※)]	30
		評価・換算差額等	20

（※）　増加すべき払込資本の内訳項目は，資本金200，資本剰余金30と仮定。

ケース3　株式移転を行う場合

　旧親会社であるP社への投資については，P社株式の取得原価と株主資本を相殺消去します。一方で，旧子会社のS社株式の取得原価と株主資本を相殺し，差額を資本剰余金に計上します（企業結合・事業分離適用指針240(1)）。また，P社がS社株式との交換により受け入れたHD社株式は，連結財務諸表上，自己株式に振り替えます（企業結合・事業分離適用指針240(2)）。

◆HD社における仕訳

① 投資と資本の相殺消去（P社）

（借）資　本　金	400	（貸）P 社 株 式	800
資 本 剰 余 金	300		
利 益 剰 余 金	100		

② 投資と資本の相殺消去（S社）

（借）資　本　金	200	（貸）S 社 株 式	500
利 益 剰 余 金	300		

　このケースではS社は完全子会社であり非支配株主が存在しないため，HD社のS社株式の取得原価はS社の株主資本と同額となり，差額は発生しません。

③ 自己株式への振替

（借）自 己 株 式	200	（貸）H D 社 株 式	200

④ 株主資本項目の調整

　このケースでは該当ありませんが，仮に，S社に非支配株主がいる場合には，株式移転設立完全親会社（HD社）の株主資本の額は，株式移転直前のP社における連結財務諸表上の株主資本項目に非支配株主との取引により増加した払込資本の額を加算した金額となるように調整する必要があります（企業結合・事業分離適用指針240(3)）。

(2) 各ケースによる連結貸借対照表

項　目	ケース1及びケース2	ケース3
連結親会社（持株会社）	P社	HD社
諸資産	2,300	2,300
負債	1,000	1,000
資本金	400	1,000
資本剰余金	300	300
利益剰余金	400	0
自己株式	—	▲200

評価差額	200	200
純資産	1,300	1,300
総資産	2,300	2,300

ポイント ＞ ··

　連結財務諸表上，いずれのケースにおいても純資産，総資産の金額に相違はないが，株式移転の場合，連結親会社がＰ社からHD社に変更になることから，株主資本の内訳金額について会社分割のケースと差異が生じる。

··

ポイント5

親子間合併における会計処理の相違点（存続会社が親会社か子会社か）

➡親子間の吸収合併を行う場合，親会社を存続会社とする場合と子会社を存続会社とする場合で会計処理がどのように異なるのか？
　（ケース1）親会社を存続会社とする場合
　（ケース2）子会社を存続会社とする場合

❶　設　例

　X1年3月31日において，P社は，S社株式を90%保有し完全子会社としている。X1年4月1日に，両社の吸収合併を行う場合，合併後の存続会社をどちらにするかによって，会計上どのような相違点があるのか検討を行っている。

P社の合併期日前日の貸借対照表

諸資産	730	負債	500
S社株式	270	資本金	200
		利益剰余金	200
		評価・換算差額等	100

S社の合併期日前日の貸借対照表

諸資産	600	負債	350
		資本金	100
		利益剰余金	100
		評価・換算差額等	50

※　S社の支配獲得時点の資本金，利益剰余金及び評価・換算差額等は上記と同額と仮定する。

【スキーム図】

（ケース1）親会社を存続会社とする場合

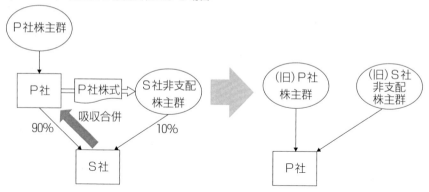

※　合併対価としてP社株式を交付（対価65）

（ケース2）子会社を存続会社とする場合

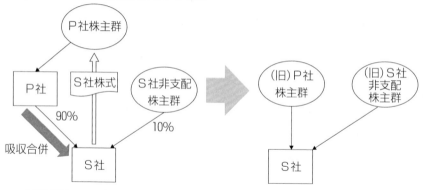

※　合併対価としてS社株式を交付

❷　解　説

　上記の親子会社の合併の事例は，共通支配下の取引に該当します（企業結合会計基準16，企業結合・事業分離適用指針201）。

1　存続会社の会計処理（個別）

⑴　各ケースでの主な相違点

　親子間合併の会計処理に関し，各ケースで以下のとおり相違が生じます。

項　目	ケース１	ケース２
合併存続会社	親会社	子会社
受入資産及び負債	適正な帳簿価額で引き継ぐ(※)	適正な帳簿価額で引き継ぐ
受入資産負債の差額の取扱い	上記の資産及び負債と子会社株式の簿価との差額は抱合せ株式消滅差益として損益計算書に計上	純資産で処理。親会社保有の子会社株式は自己株式として株主資本から控除
非支配株主持分相当額	親会社株式の時価との差額を資本剰余金として計上	－

（※）　連結上，未償却ののれんがある場合，個別上も適正な帳簿価額として引き継ぐ。

ケース１　親会社を存続会社とする場合

　吸収合併存続会社であるＰ社は合併期日の前日に付された適正な帳簿価額により計上したＳ社の資産と負債の差額のうち株主資本の額を合併期日直前の持分比率に基づき，親会社持分相当額と非支配株主持分相当額に按分したうえで以下のように処理を行います（同適用指針206(2)①）。

　この際，過去の連結財務諸表の作成にあたり，Ｓ社の純資産等の帳簿価額を修正している場合には，連結財務諸表との整合性を保つ必要があるため，Ｐ社個別財務諸表上も，連結上の金額である修正後の帳簿価額（のれんを含む）により計上する必要があります（企業結合会計基準119，企業結合・事業分離適用指針207）。

　①　親会社持分相当額の処理

　このケースでは，Ｐ社持分比率は90％であるため，合併期日前日のＳ社の資産及び負債の適正な帳簿価額に90％を乗じた金額を引き継ぐことになります。上記の資産と負債の差額とＰ社の保有していたＳ社株式である抱合せ株式との差額は抱合せ株式消滅差損益として，特別損益に計上します（同適用指針206(2)①ア）。

　②　非支配株主持分相当額の処理

　このケースでは，非支配株主持分比率は10％であるため，合併期日前日のＳ社の資産及び負債の適正な帳簿価額に10％を乗じた金額を引き継ぐことになり

ます。また，本ケースの親子会社間合併は，最上位の親会社が非支配株主から
子会社株式を追加取得する取引と同様と考えられるため，非支配株主との取引
として扱われることになります（同適用指針200）。したがって，非支配株主に
対して交付された親会社株式の時価で評価される取得の対価は，合併により増
加する親会社の払込資本として処理されます。

　ここで，増加する払込資本の内訳項目については，会社法の規定により決定
され（同適用指針79参照），そのうえで非支配株主持分相当額の資産負債と取
得の対価（非支配株主に交付したP社株式の時価）との差額をその他資本剰余
金として処理することになります（同適用指針206(2)①イ）。なお，本ケースで
は該当がないですが，株主資本以外の項目については，合併期日前日の評価・
換算差額等のうち支配獲得後に子会社が計上したものをそのまま引き継ぐこと
になります（企業結合・事業分離適用指針206(2)②）。

◆P社における合併仕訳

　① 親会社持分相当額

（借）諸　資　産	540	（貸）負　債	315
の　れ　ん$^{(※1)}$	50	S　社　株　式	270
		抱合せ株式消滅差益$^{(※2)}$	5

（※1）　合併直前の連結財務諸表上のS社に係るのれんの未償却残高。
（※2）　貸借差額により算出。

　② 非支配株主持分相当額

（借）諸　資　産	60	（貸）負　債	35
資 本 剰 余 金$^{(※2)}$	40	資 本 剰 余 金$^{(※1)}$	65

（※1）　P社株式の対価（時価）65。増加資本としてすべて資本剰余金としているが，会社
　　　　法の規定により，資本金または資本準備金のいずれかに計上することも可能。
（※2）　貸借差額により算出。

> ┃ポイント┣ ┈┈┈┈┈┈┈┈┈┈┈┈┈┈┈┈┈┈┈┈┈┈┈┈┈┈┈┈┈┈┈┈┈┈┈┈
>
> 　親会社が子会社株式を吸収合併する場合など支配が継続している中での非支配株
> 主持分と追加取得額の差額は，資本剰余金として処理する。
>
> ┈┈

ケース2 子会社を存続会社とする場合

　S社は，P社より移転された資産及び負債の差額を純資産として処理し，吸収合併消滅会社であるP社が所有していたS社株式は自己株式として株主資本から控除します（企業結合・事業分離適用指針210）。

　ここで，親子会社合併は共通支配下の取引に該当しますが，企業集団内における資産及び負債の移転であり，株主資本の引継方法については企業結合会計基準上は定めがないことから，吸収合併の対価がS社の株式のみである場合には，P社の株主資本の資本金，利益剰余金の項目をそのまま引き継ぐことができます（企業結合・事業分離適用指針408(3)①）。

◆S社における合併仕訳

① P社の資産及び負債の引継ぎの処理

（借）	諸　資　産	730	（貸）	負　　　債	500
	S　社　株　式	270		資　本　金	200
				利　益　剰　余　金	200
				評価・換算差額等	100

② S社株式の自己株式への振替

（借）	自　己　株　式	270	（貸）	S　社　株　式	270

ポイント

　消滅する親会社が保有する子会社株式は，合併後に存続する子会社の自己株式となる。

(2) 各ケースによる合併後の存続会社の貸借対照表

項　目	ケース1（P社）		ケース2（S社）	
	合併前	合併後	合併前	合併後
諸資産	730	1,330	600	1,330
S社株式	270	－	－	－
のれん	－	50	－	－

負債	500	850	350	850
資本金	200	200	100	300
資本剰余金	－	25	－	－
利益剰余金	200	205	100	300
評価・換算差額等	100	100	50	150
自己株式	－	－	－	(270)
純資産	500	530	250	480
総資産	1,000	1,380	600	1,330

※ ケース1の場合，抱合せ株式消滅差益による損益計算書への影響あり。

2 存続会社の会計処理（連結）

　吸収合併が行われた後も親会社が連結財務諸表を作成する必要がある場合には，存続会社を親会社とする連結財務諸表上の会計処理を行う必要があります。このとき，存続会社がP社かS社かによって各々の連結仕訳が異なってきます。

ケース1 親会社を存続会社とする場合

　吸収合併存続会社が親会社であるP社の場合，連結財務諸表の作成のために前期の処理を開始仕訳として引き継ぐ必要があります。このケースではS社以外については省略していますが，前期の処理を開始仕訳として引き継ぐ一方，S社はP社に吸収合併されたためS社に係る開始仕訳は不要となることから，引き継いだ開始仕訳を取り消すための振り戻しが必要となります。また，合併仕訳にて発生した抱合せ株式消滅差益は過年度に取得後利益剰余金として取り込まれているため，相殺消去する必要があります（企業結合・事業分離適用指針208）。

◆S社に係る開始仕訳の振り戻し

（借）　S　社　株　式	270	（貸）　資　　本　　金	100
非支配株主持分	30	利　益　剰　余　金	100
		評価・換算差額等	50
		の　　れ　　ん	50

◆抱合せ株式消滅差益の相殺消去

(借)	抱合せ株式消滅差益	5	(貸)	利益剰余金(期首)		5

ケース2　子会社を存続会社とする場合

　吸収合併が行われた後も，これまでの親会社のＰ社に代わり子会社であるＳ社が連結財務諸表を作成する必要があるため，Ｓ社の吸収合併の処理を振り戻し，合併の際に子会社が受け入れた自己株式と子会社で増加させた株主資本を内部取引として消去することにより，Ｐ社がＳ社の非支配株主からＳ社株式を取得した取引と同様の会計処理を行うことになります（企業結合・事業分離適用指針210）。

　実際にはＳ社の非支配株主が保有していたＳ社株式はＰ社株式と交換されるわけではありませんが，連結財務諸表上，子会社のＳ社株式とＰ社株式を交換したものとして会計処理を行います（企業結合・事業分離適用指針212）。これは，子会社が親会社を吸収合併する経済的実態は，親会社が子会社の非支配株主持分を取得することと同一であると考えられるためです。

　なお，連結財務諸表上の資本金は，法的主体である子会社（Ｓ社）の資本金とし，この資本金と合併直前の連結財務諸表上の資本金（＝Ｐ社の資本金）が異なる場合には，その差額を資本剰余金に振り替える必要があります（企業結合・事業分離適用指針212なお書き）。

◆Ｐ社の資産及び負債の引継ぎの振り戻し

(借)	負　　　　債	500	(貸)	諸　　資　　産		730
	資　本　金	200		Ｓ　社　株　式		270
	利　益　剰　余　金	200				
	評価・換算差額等	100				

◆Ｓ社株式の自己株式への振替の振り戻し

(借)	Ｓ　社　株　式	270	(貸)	自　己　株　式		270

◆S社の開始仕訳

(借)	資 本 金	100	(貸)	S 社 株 式	270
	利 益 剰 余 金	100		非支配株主持分	30
	評価・換算差額等	50			
	の れ ん	50			

（＊） このケースでは該当はないが，S社の資産及び負債を支配獲得時の時価で評価替えを行ったうえで連結上の帳簿価額として受け入れることになる。

◆S社の非支配株主持分の取消し

| (借) | 非支配株主持分 | 30 | (貸) | 資 本 金(※1) | 65 |
| | 資 本 剰 余 金(※2) | 35 | | | |

（※１） S社の非支配株主持分の取得対価（P社株式を新たに交付したと仮定した対価）。
（※２） 差額により算出。

◆子会社の資本金と合併直前の連結財務諸表上の資本金との差額調整

| (借) | 資 本 剰 余 金 | 35 | (貸) | 資 本 金 | 35 |

（※） 合併直前の連結財務諸表上の資本金は200であるが，合併後の子会社の資本金は300である。上述の「S社の非支配株主持分の取消し」で一部を資本金に振り替えているものの，なお差額が生じるため，調整を行っている（35＝300－（200＋65））。

┌ ポイント ┐ ‥‥‥‥‥‥‥‥‥‥‥‥‥‥‥‥‥‥‥‥‥‥‥‥‥‥‥‥‥‥‥

　吸収合併存続会社の資本金と合併直前の連結上の資本金との差額は資本剰余金で調整する。

‥‥

　各ケースに基づいて作成される連結財務諸表の数値（損益計算書への影響はないため，貸借対照表のみ）は以下のとおりとなります。

	合併直前	ケース1	ケース2
諸資産	1,330	1,330	1,330
のれん	50	50	50
負債	850	850	850

資本金	200	200	300
資本剰余金	—	25	▲70[(※)]
利益剰余金	200	205	200
評価・換算差額等	100	100	100
非支配株主持分	30	—	—
純資産	530	530	530
総資産	1,380	1,380	1,380

（※） ケース1との比較のため負の値としているが，連結会計年度末において，資本剰余金が負の値となる場合，資本剰余金をゼロとし，当該負の値を利益剰余金から減額する必要がある（資本連結実務指針39-2）。

3 消滅会社の会計処理

　いずれのケースにおいても，吸収合併消滅会社は，合併により消滅するため合併期日の前日時点で最終年度の決算を行うことになります。この場合，会計上も清算されたとみて正味売却価額に基づくのではなく，投資が継続すると仮定して適正な帳簿価額を算定することになります（企業結合・事業分離適用指針205，209）。

100％子会社間の合併における会計処理の相違点（対価の種類）

➡ 子会社間の吸収合併を行う場合，合併の対価の内容によって会計処理がどのように異なるのか？

（ケース１）S1社株式を対価（新株発行時時価300）とする場合

（ケース２）現金を対価（300）とする場合

（ケース３）無対価とする場合

❶ 設 例

X1年3月31日において，P社は，S1社及びS2社の株式をそれぞれ100％保有し，いずれも完全子会社としている。X1年4月1日に，S1社（結合企業）を存続会社としてS2社（被結合企業）を吸収合併する場合，S1社がS2社の親会社であるP社に支払う対価の内容によって，会計上どのような相違点があるのか検討を行っている。

【スキーム図】

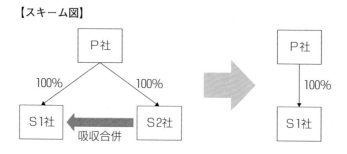

S1社の合併期日前日の貸借対照表

諸資産	1,000	負債	500
		資本金	200
		利益剰余金	200
		評価・換算差額等	100

S2社の合併期日前日の貸借対照表

諸資産	500	負債	300
		資本金	100
		利益剰余金	50
		評価・換算差額等	50

※　P社の保有するS1社株式の簿価は200，S2社株式の簿価は100とする。

❷　解　説

　本設例は，P社の子会社であるS1社とS2社において，S1社がS2社を吸収合併するケースであるため，同一の株主（企業）により支配されている子会社同士の合併として，共通支配下の取引に該当します（企業結合会計基準16，企業結合・事業分離適用指針201）。

1　結合企業（S1社）の会計処理

(1)　各ケースの相違点

　増加資本の会計処理に関して，以下のとおり各ケースで相違が生じます。

ケース	増加資本の会計処理	備　考
ケース1 （株式対価）	払込資本の増加（内訳をそのまま引き継ぐことも可能）	払込対価（時価）による評価替えは行われない
ケース2 （現金対価）	増加資本なし	被結合企業の純資産額と現金の差額としてのれんが発生
ケース3 （無対価）	株主資本を引き継ぐ（その他資本剰余金または利益剰余金）	資本金及び資本準備金は増加しない

※　いずれの場合においても，評価・換算差額等についてはそのまま移転直前の適正な帳簿価額で引き継がれる。

　結合企業であるS1社は対価として株式を交付していることから，新株発行による純資産の増加は，原則として払込資本（資本金または資本剰余金）として処理しますが，合併が共同支配企業の形成と判断された場合に準じて，被結合企業であるS2社の資本金，資本剰余金，利益剰余金の内訳科目をそのまま引き継ぐこともできます（企業結合・事業分離適用指針247(2)）。

　なお，新株発行による増加すべき資本は，時価300ではなく，共通支配下の取引においては，被結合企業の合併期日前日の適正な帳簿価額による株主資本の額となります（企業結合・事業分離適用指針247(2)，185参照）。

◆S1社における合併仕訳

（借）諸　　資　　産	500	（貸）負　　　　　債	300
		資　　本　　金^(※)	100
		利　益　剰　余　金^(※)	50
		評価・換算差額等	50

（※）　S2社の株主資本の内訳をそのまま引き継ぐものと仮定している。原則的な払込資本の処理を行う場合には，払込資本の内訳項目は会社法の規定に基づき決定される（企業結合・事業分離適用指針185(1)①，会社法445参照）。

　結合企業であるS1社においては，被結合企業S2社の株主資本と対価として支払った現金の適正な帳簿価額との差額をのれんとして計上します（企業結合・事業分離適用指針243(1)）。なお，新株を発行していないためS1社において増加する株主資本はありませんが，被結合企業S2社で評価・換算差額等が生じている場合，この部分については現金等が対価であっても結合企業S1社に引き継がれることになります（企業結合・事業分離適用指針243(2)）。

◆S1社における合併仕訳

（借）諸　　資　　産	500	（貸）負　　　　　債	300
の　　れ　　ん	150	現　　　　　金	300
		評価・換算差額等	50

ケース3 | 無対価とする場合

　吸収合併存続会社であるS1社はS2社の合併期日の前日の適正な帳簿価額を引き継ぎます。S2社の純資産のうち払込資本部分については，S1社は親会社P社に対して株式を発行していないため，S2社の資本金は全額をその他資本剰余金として引き継ぎ，利益剰余金及び評価・換算差額等は帳簿価額をそのまま引き継ぐことになります（企業結合・事業分離適用指針203-2⑴，185⑴②・⑵）。

◆S1社における合併仕訳

（借）諸　資　産　　　　500	（貸）負　　　　債	300
	その他資本剰余金	100
	利　益　剰　余　金	50
	評価・換算差額等	50

⑵　各ケースによる合併後のS1社の貸借対照表

項　目	合併前	合併後		
		ケース1	ケース2	ケース3
諸資産 （うち，のれん）	1,000	1,500	1,350 (150)	1,500
負債	500	800	800	800
資本金	200	300	200	200
その他資本剰余金	－	－	－	100
利益剰余金	200	250	200	250
評価・換算差額等	100	150	150	150
純資産	500	700	550	700
総資産	1,000	1,500	1,350	1,500

2　被結合企業（S2社）の会計処理

　吸収合併消滅会社であるS2社は，合併により消滅するため合併期日の前日時点で最終年度の決算を行います。この場合，会計上も清算されたとみて正味

売却価額に基づくのではなく，投資が継続すると仮定して適正な帳簿価額を算定することになります。

　共通支配下の取引における企業結合は，親会社であるP社の立場からは企業集団内での純資産等の移転取引にすぎないため，個別財務諸表においても，基本的には企業結合の前後で移転される純資産等の帳簿価額が同一になるように事業の移転元の適正な帳簿価額を算定します（企業結合会計基準41，企業結合・事業分離適用指針246，439(3)）。

　したがって，いずれのケースにおいても，合併日において，被結合企業であるS2社はS1社に吸収合併され消滅します。

◆S2社における合併による消滅仕訳

（借）負　　　　　債	300	（貸）諸　資　産	500
資　本　金	100		
利益剰余金	50		
評価・換算差額等	50		

3　結合企業の株主（P社）の会計処理（個別）

各ケースでの相違点

　P社の保有していたS2社株式に関する会計処理に関して，下表のとおり各ケースで相違が生じます。

ケース	S2社株式と合併対価に係る会計処理	損益インパクト
ケース1	新たに引き受けたS1社株式をS2社株式の企業結合日直前の適正な帳簿価額で計上	なし
ケース2	S2社株式の簿価と支払対価の差額を交換損益として計上	あり
ケース3	S2社株式の企業結合日直前の適正な帳簿価額を既存のS1社株式に加算	なし

※　実質的にケース1とケース3は同一の結果になる。

ケース1　S1社株式を対価とする場合

　本設例においては，結合企業の株主と被結合企業の株主はいずれも親会社であるＰ社となります。結合企業であるS1社が被結合企業であるS2社の株主に対して結合企業の株式を交付する場合，親会社であるＰ社はS2社がS1社に合併されるか別個の子会社であるかの形態としての差異はあるものの，S2社に対する経済的効果は実質的に同一と考えられます。したがって，S2社に対するＰ社の投資は継続していると考えられ，親会社であるＰ社の個別財務諸表上で交換損益は認識せず，Ｐ社が対価として受け取るS1社株式の取得原価は，引き換えられたS2社株式の企業結合日直前の適正な帳簿価額に基づいて評価されることになります（事業分離等会計基準38，39，17(1)，企業結合・事業分離適用指針248）。

◆Ｐ社におけるS2社株式と対価の引換えに関する仕訳

(借)　Ｓ１社株式	100	(貸)　Ｓ２社株式	100

ケース2　現金を対価とする場合

　結合企業であるS1社が被結合企業であるS2社の株主に対して対価として現金等の財産のみを支払う場合，親会社であるＰ社はS2社に対する投資を清算したものと考えられることから，受け取った現金の帳簿価額と引き換えられた被合併会社であるS2社株式の帳簿価額との差額は交換損益として処理されることになります（事業分離等会計基準35，14，企業結合・事業分離適用指針244）。

◆Ｐ社におけるS2社株式と対価の引換えに関する仕訳

(借)　現　　金	300	(貸)　Ｓ２社株式	100
		交換損益	200

ケース3　無対価とする場合

　親会社であるＰ社は，吸収合併消滅会社であるS2社株式の帳簿価額を吸収合併存続会社であるS1社株式の帳簿価額に加算します（企業結合・事業分離

適用指針203-2(1)なお書き）。

◆P社におけるS2社株式に関する仕訳

| （借） | S1社株式 | 100 | （貸） | S2社株式 | 100 |

4　連結財務諸表上の会計処理

　上述のとおり，個別財務諸表においては，各ケースによって会計処理が異なる部分もありますが，親会社であるP社にとっては，合併前のS1社及びS2社も合併後のS1社も引き続き子会社であり，本設例のような完全親子会社間における共通支配下の取引としての子会社同士の合併は企業集団内における純資産等の移転取引に等しいものと考えられます。

　したがって，S1社がS2社を吸収合併しても，連結財務諸表上の経済的実態は吸収合併前と同様であるため，いずれのケースにおいても個別財務諸表上で処理された取引は連結上調整され，吸収合併による影響は生じません。

ケース1　S1社株式を対価とする場合

　上述のとおり，親会社であるP社にとっては，合併前のS1社及びS2社も合併後のS1社も引き続き子会社であることから，個別財務諸表上，適正な帳簿価額で計上された純資産等については，連結財務諸表上もそのまま引き継がれます。

　なお，本設例とは異なりますが，子会社に非支配株主が存在し，合併に伴い親会社の持分比率に変動が生じる場合には，この変動額は資本剰余金として処理されます（事業分離等会計基準38，39，17(2)，企業結合・事業分離適用指針249）。

◆開始仕訳——S1社

| （借） | 資　本　金 | 200 | （貸） | S1社株式 | 200 |

◆開始仕訳——S2社

| （借） | 資　本　金 | 100 | （貸） | S2社株式 | 100 |

◆S2社開始仕訳の振り戻し

| (借) | S 2 社 株 式 | 100 | (貸) | 資 本 金 | 100 |

◆合併に伴う親会社の持分変動

| (借) | 資 本 金 | 100 | (貸) | S 1 社 株 式 | 100 |

＊ 本設例では非支配株主がいないため，資本剰余金の増減はない。

ケース2　現金を対価とする場合

上述のとおり，共通支配下において子会社同士の合併は企業集団における純資産等の移転取引に等しいことから，P社において個別財務諸表上計上された交換損益は，連結財務諸表上，内部取引に該当し，未実現損益の消去に準じて消去されます（企業結合会計基準44，企業結合・事業分離適用指針245）。

◆交換損益の消去に関する連結仕訳

| (借) | 交 換 損 益 | 200 | (貸) | の れ ん | 150 |
| | | | | 利 益 剰 余 金(※) | 50 |

（※）　S2社を連結していたことにより生じていた親会社P社に係る取得後剰余金を認識。

ケース3　無対価とする場合

P社にとってS1社は，吸収合併後も子会社であることから引き続きS1社を連結することになります。一方で，個別財務諸表上，S1社では合併により資本剰余金が計上されますが，当該合併は連結財務諸表上，内部取引であるため，合併によりS1社で計上されたその他資本剰余金とS2社株式から振り替えられたS1社株式を相殺消去する必要があります（企業結合会計基準44）。

◆資本剰余金に関する連結仕訳

| (借) | その他資本剰余金(増減額) | 100 | (貸) | S 1 社 株 式 | 100 |

スクイーズアウトの手法による会計処理の相違点

➡少数株主を排除（スクイーズアウト）して完全子会社化する場合，各手法によって会計処理がどのように異なるのか？

　（ケース1）株式併合を行う場合（3株を1株に併合）

　（ケース2）全部取得条項付種類株式を利用する場合（全部取得条項付株式
　　　　　　3株につきA種類株式1株を割当）

　（ケース3）現金交付の株式交換を行う場合（対価30）

　（ケース4）株式売渡請求を行う場合（対価30）

❶ 設 例

　X0年3月31日にP社は少数株主群と共同でS社を設立し，P社はS社株式を90％保有している。株主管理コストの軽減，意思決定の迅速化を図るため，X1年4月1日にS社を完全子会社化する予定であるが，少数株主をスクイーズアウトする際に各手法によって，会計上どのような相違点があるのか検討を行っている。

P社の取引日の前日の貸借対照表

諸資産	1,000	負債	500
S社株式	90	資本金	200
		資本剰余金	200
		利益剰余金	190

S社の取引日の前日の貸借対照表

諸資産	500	負債	300
		資本金	100
		利益剰余金	100

P社の取引日の前日の連結貸借対照表

諸資産	1,500	負債	800
		資本金	200
		資本剰余金	200
		利益剰余金	280
		非支配株主持分	20

■S社株式数構成

P社	90株
少数株主群^(※)	10株
合計	100株

（※） すべて2株未満の株主。

【スキーム図】

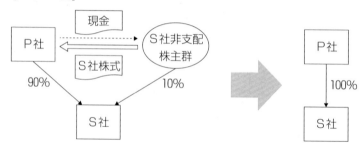

❷ 解 説

　スクイーズアウトとは，少数株主を排除するために，大株主が少数株主や特定の株主から個別の承諾を得ることなく少数株式を取得する手法をいいます。本設例のように，100％子会社化する際に少数株主の保有する株式を強制的に取得する手法は複数あり，会計処理や実施後の発行済株式数が異なってきます。

1　各ケースでの主な相違点

ケース1　株式併合を行う場合

　本ケースは，P社以外の非支配株主に1株未満の端数株式だけが残るように株式を併合し，端数株式に対して金銭を交付することによってS社を完全子会社化するケースです。株式併合の際には，S社の株主総会の特別決議が必要になります。

　本設例の場合，S社の非支配株主が保有する株式数は2株未満であることから3株を1株に併合することによりすべて1株に満たない端株となるため，会社法の規定に基づいてS社が端株を買い取ることが可能となります（会社法234，235）。株式併合自体の会計処理は不要ですが，株式数が減少するため，1株当たり当期純利益や1株当たり純資産額に影響が生じます。

　株式併合後，S社が非支配株主から当該端株を買い取る場合，自己株式の取得として会計処理を行うこととなり，P社グループの連結財務諸表上は，非支配株主への払い戻しにより親会社の持分比率が増加することから，親会社による非支配株主からの子会社株式の追加取得に準じた処理を行います（自己株式等適用指針17，18，連結会計基準28，29）。

◆S社の株式買い取りに関する仕訳

（借）　自己株式（S社株式）[※]	30	（貸）　現　　　　　金	30

（※）　非支配株主に交付したS社株式の対価。

（連結財務諸表上の会計処理）

　①　P社の開始仕訳

（借）　資　　本　　金	100	（貸）　S　社　株　式	90
		非支配株主持分	10

（借）　利　益　剰　余　金	10	（貸）　非支配株主持分	10

　②　親会社の持分変動に伴う調整仕訳

（借）　非支配株主持分	20	（貸）　S社株式（自己株式）	30
資　本　剰　余　金[※]	10		

（※）　貸借差額。

　全部取得条項付種類株式とは，株主総会の特別決議によって，その種類の株式の全部を会社が取得できるという内容の種類株式を指します（会社法108 I ⑦，171）。通常，定款変更により株式に取得条項を付す場合には株主全員の同意が必要ですが，全部取得条項を付す場合には株主総会の特別決議のみで足ります。本ケースにおいては，S社株式（普通株式）を全部取得条項付株式へと変更したうえで，全部取得条項を行使することによってS社の非支配株主に端数株式が交付されるようなスキームになり，主に以下のステップに区分されます。

---

① 株主総会の特別決議において，全部取得条項付種類株式を発行するための決議を行う。
- 種類株式を発行する旨
- 全部取得条項付種類株式への定款変更
- 株主からの全部取得条項付普通株式の全部を取得

② S社がA種類株式を発行し，すべての全部取得条項付種類株式を取得する

③ 取得時に，親会社P社以外の少数株主には1株未満の端数の子会社株式を対価として交付する

④ 1株未満の端数に対して金銭を交付する

　このうち②の段階では，全部取得条項付普通株式100株をS社が取得し対価としてA種類株式33株を交付することになり，自己株式の取得の対価として自己株式を交付する場合の会計処理に該当することになるため，取得した全部取得条項付種類株式100株について会計処理は生じません（自己株式等適用指針37）。

　③④の子会社が端数株式について現金を交付する場合には，当該部分について全部取得条項付普通株式が自己株式として取得処理されることになります。

　また，連結財務諸表上は非支配株主からの子会社株式の追加取得に該当し，

対価と増加持分との差額が資本剰余金として処理されます（自己株式等適用指針17，18，連結会計基準28，29）。なお，ケース1の株式併合と同様，発行済株式数は減少するため，1株当たり当期純利益や1株当たり純資産額に影響が生じます。

　全部取得条項付種類株式を用いた手法は，その実態は株式併合であると考えられることから，S社の個別財務諸表及びP社グループ連結財務諸表上の仕訳は，ケース1と同様になります。

　なお，全部取得条項付種類株式を用いた手法は従前多く用いられた手法ですが，上述のように手続が煩雑であることから，平成26年会社法改正においてケース1の株式併合やケース4の株式売渡請求による手法について整備がされてからは採用されることが少なくなっています。

ケース3　現金交付の株式交換を行う場合

　本ケースは，親会社であるP社を完全親会社，子会社であるS社を完全子会社とする株式交換を行い，S社株式取得の対価として非支配株主に現金を支払うことで，S社の非支配株主を排除する方法です。P社は株式交換前においてもS社を支配していることから，共通支配下の取引等に該当することになり，親会社が非支配株主から子会社株式を取得する取引として会計処理されます（企業結合・事業分離適用指針200）。

　この場合，親会社は，S社の非支配株主に交付する財の時価を基礎として会計処理を行い，連結財務諸表上は親会社の持分変動による差額を資本剰余金として計上します（連結会計基準28～30，企業結合会計基準45，46）。

◆P社の現金交付の株式交換に関する仕訳

（個別財務諸表上の会計処理）

（借）　S　社　株　式(※)	30	（貸）　現　　　　金	30

（※）　非支配株主に交付したS社株式の対価。

（連結財務諸表上の会計処理）

① P社の開始仕訳

| (借) | 資　本　金 | 100 | (貸) | S　社　株　式 | 90 |
| | | | | 非支配株主持分 | 10 |

| (借) | 利 益 剰 余 金 | 10 | (貸) | 非支配株主持分 | 10 |

② 親会社の持分変動に伴う調整仕訳

| (借) | 非支配株主持分 | 20 | (貸) | S　社　株　式 | 30 |
| | 資 本 剰 余 金^(※) | 10 | | | |

（※）　貸借差額。

ケース4　株式売渡請求を行う場合

　株式売渡請求とは，対象会社の総株主の議決権の90％以上を有する株主（特別支配株主）が対象会社の承認を受けたうえで，少数株主等が有する株式を強制的に取得できる権利であり，平成26年会社法改正により導入されました（会社法179）。本ケースは，親会社であるP社が子会社S社の90％の株式を保有していることから，会社法上の特別支配株主に該当するため，会社法179条の手続に従って少数株主の株式を金銭交付により取得するケースになります。具体的な取得手続は以下のとおりです。

① 特別支配株主（P社）から子会社S社に通知を行う

② 子会社S社の取締役会等での承認決議を行い，株主に売渡請求の通知を行う

③ 所定の手順に沿って売渡価格を決定し，同価格でP社が少数株主からS社株式を買い取る

　会計処理としては，ケース3の現金交付による株式交換と同様に，親会社が非支配株主から子会社株式を取得する取引として会計処理します（企業結合・事業分離適用指針200）。すなわち，親会社は，S社の非支配株主に交付する財の時価を基礎として会計処理を行い，連結財務諸表上は親会社の持分変動によ

る差額を資本剰余金として計上します（連結会計基準28〜30，企業結合会計基準45，46）。

2 各ケースにおける比較

項　目	ケース1	ケース2	ケース3	ケース4
手法名	株式併合	全部取得条項付種類株式による取得	株式交換	株式売渡請求
会社法	180条	171条	767条	179条
株主総会特別決議の要否	必要	必要	必要	不要
手続後の発行済株式数	33株	33株	100株	100株
株式数の変動	あり	あり	なし	なし
備考		種類株式や全部取得条項等定款変更が必要		特別支配株主であれば機動的に実施可能

> **ポイント**
>
> 　いずれのケースにおいても，スクイーズアウトは親会社であるP社がS社の非支配株主からS社株式を強制的に取得するもので，会計処理に大きな相違はないが，手続面や発行済株式数の点で相違がある。また，会社法や税制の改正等により制度が変更される可能性があるため，検討を行う際に最新の制度を把握する必要がある。

ポイント8

組織再編における会計と税務の相違点

➡組織再編に関して，会計上と税務上でどのような相違点があるのか？

❶ 設 例

　X1年4月1日において，P社は会社の取得や子会社の再編を検討しているが，税効果会計の観点から会計上，どのような処理が必要なのか検討を行っている。

❷ 解 説

1　組織再編の会計上の考え方

　会社法上，組織再編には合併や会社分割などいくつかの手法がありますが，会計においては，「組織再編」という用語はなく，「企業結合」，「事業分離」という用語で定義されています。いわゆる「組織再編」と呼ばれる取引は，会計基準上においては，「取得」，「共通支配下の取引等」，「共同支配企業の形成」の3つに分類され，各々の会計処理が決定されます。

【会計上の組織再編の会計処理の概要】

会計上の分類	移転資産・負債の個別財務諸表上の取扱い	移転資産・負債の連結財務諸表上の取扱い
取得	時価	時価
共通支配下の取引等		
共通支配下の取引	簿価	取引なし(※1)
非支配株主との取引	簿価(※2)	簿価(※2)
共同支配企業の形成	簿価	簿価

（※1）　グループ内の移転取引にすぎないため，連結上は取引がなかったものとして取り扱われる。
（※2）　非支配株主に対する組織再編の対価は時価による。

2　組織再編の税務上の考え方

　我が国の税制においては，合併，会社分割，株式交換・移転，現物出資，現物分配が組織再編税制の範囲に含まれます。これらの税務上の原則的な取扱いは，「時価による譲渡」となっており，移転先（いわゆる合併法人，分割承継法人等）では移転された資産及び負債を時価で受け入れ，移転元（いわゆる被合併法人，分割法人等）においては時価による譲渡がなされたとして譲渡損益が課税所得の計算に含まれます。

　しかし，組織再編の前後で経済的実態に実質的な変更がないと考えられる場合には，従前の課税関係を継続させることが適当とされ，一定の要件を満たす場合（税制適格要件）には，移転資産等は簿価による引継ぎが強制され，移転資産・負債に係る譲渡損益は発生しません。また，適格合併の場合には，被合併法人の繰越青色欠損金の合併法人への引継ぎが認められていますが，適格要件が緩和されている企業グループ内再編の場合には，引継ぎに一定の制限があります。

3　組織再編における会計上の取扱いと税務上の取扱いの差異

　組織再編において会計上と税務上の資産及び負債は，それぞれ時価または簿価で評価されますが，それぞれの目的や考え方の相違から，必ずしも一致するものではなく，例えば，会計上は時価で処理されても，税務上は簿価で処理される場合があります。そのため，これらの組み合わせによって会計上と税務上の資産及び負債の金額に差異が生じることになります。

【組織再編における会計上の処理と税務上の処理の組み合わせ】

会計上の処理	税務上の処理
取得（時価）	非適格（時価）
取得（時価）	適格（簿価）
上記以外（簿価）	非適格（時価）
上記以外（簿価）	適格（簿価）

　会計上と税務上の資産及び負債の金額の差額は，以下の表のとおり将来の課

税所得を減少させるか，または増加させるかといった性質の違いにより将来減算一時差異または将来加算一時差異の2つに区分されます。

ケース	一時差異の区分	税務上の効果
資産：会計簿価＜税務簿価 または 負債：会計簿価＞税務簿価	将来減算一時差異	将来の課税所得の減少
資産：会計簿価＞税務簿価 または 負債：会計簿価＜税務簿価	将来加算一時差異	将来の課税所得の増加

「会計上取得（時価処理）・税務適格（簿価移転)」，「会計上簿価移転・税務上非適格（時価処理)」のように会計と税務で企業結合の取扱いが異なる場合，企業結合日において一時差異が発生することになります。

ここで，(1)合併や会社分割のように事業を直接取得する企業結合の場合と，(2)株式交換や株式移転のように株式を取得することにより間接的に事業を取得する企業結合の場合で，税効果の会計処理が次のように異なります。

(1) 事業を直接取得する企業結合

① 取得とされた企業結合の場合（取得企業）

合併や会社分割のように，事業を直接移転するような企業結合で取得に該当する場合，取得企業は企業結合日における一時差異等に対して税効果会計を適用します。すなわち，将来減算一時差異については，回収可能性を勘案したうえで繰延税金資産を計上するとともに，将来加算一時差異については，原則として繰延税金負債を計上します（企業結合・事業分離適用指針71)。この企業結合日における一時差異等の金額は，具体的に以下のものから構成されます。

- 繰延税金資産及び繰延税金負債を除く取得原価の配分額（会計上の簿価）と課税所得計算上の資産及び負債の金額（税務上の簿価）との差額
- 取得企業に引き継がれる被取得企業の税務上の繰越欠損金等

　なお，企業結合によって認識されるのれんについては，のれんが取得原価の配分残余であること，及び税効果を認識しても同額ののれんの変動が生じる結果となることから税効果を認識しないものとされています（企業結合・事業分離適用指針72，378-3）。

　一方，税務上非適格とされた組織再編において生じる税務上ののれんである資産調整勘定及び差額負債調整勘定^(※)については，会計上一時差異（資産調整勘定については将来減算一時差異，差額負債調整勘定については将来加算一時差異）として取り扱われ，税効果会計の対象となる点に留意が必要です。

（※）　資産調整勘定とは，税務上非適格とされた組織再編において，移転資産及び負債の時価純資産価額等を当該非適格組織再編により交付した対価の額が上回るときの差額として算出されるものであり（法法62の8Ⅰ），「税務上ののれん」と呼ばれますが，会計上ののれんとは異なるものです。

②　共通支配下の取引の場合（取得企業）

　事業を直接移転するような企業結合で，共通支配下の取引に該当する場合には，他の資産及び負債と同様，適正な帳簿価額でグループ内を移転するため繰延税金資産及び繰延税金負債も被取得企業から取得企業へ引き継がれることになります。一方で，税務上非適格に該当する場合には，取得とされた企業結合にみられる移転資産や資産調整勘定に関する一時差異が発生することになります。

③　被取得企業の税効果

　株式分割等の対価として取得企業の株式を受け取った場合で，被取得企業にとって移転した事業に対する投資が継続しているとみるときには，被取得企業は事業移転が行われないものと仮定した移転事業に係る将来年度の収益力に基づく課税所得等を勘案して繰延税金資産の回収可能性を判断します（企業結合・事業分離適用指針107(2)）。そのうえで，移転事業に関連する繰延税金資産及び繰延税金負債を，対価として受領した株式の取得原価に含めることなく，当該税効果を除いた株主資本相当額で受け取った株式の取得原価を算定します（企業結合・事業分離適用指針108(2)前段）。

　一方，移転事業の資産及び負債にかかる繰延税金資産及び繰延税金負債については，受け取った株式に係る繰延税金資産及び繰延税金負債に置き換わった

ものとみなされます（同108(2)後段）。

　なお，その組織再編が税務上非適格組織再編とされた場合には，税務上の移転損益（譲渡損益）の課税に関して新たに計上された繰延税金資産及び繰延税金負債が含まれることになります。

　一方で，被取得企業にとって移転した事業に対する投資が清算されたとみなされる場合においては，会計上移転損益が計上されるため，事業移転の対価として株式などの現金以外の財産を受け取った場合，事業移転日以後最初に到来する事業年度末において税効果会計を適用して繰延税金資産または繰延税金負債を計上し，期首と期末で比較した増減差額を法人税等調整額に計上します（企業結合・事業分離適用指針108(1)，401）。

【会計上の分類と税務上の分類に基づく税効果の取扱い】

会計上の計上額	時価評価（取得）		簿価引継（共通支配下の取引等）	
税務上の計上額	簿価引継（適格）	時価評価（非適格）	簿価引継（適格）	時価評価（非適格）
取得企業：合併法人，分割承継法人等				
移転資産に関する税効果	○ (※1)	－	－	○
資産調整勘定に関する税効果	－	○ (※1)	－	○
被取得企業：被合併法人，分割法人等				
（投資が継続するケース）				
譲渡損益の課税	－	○	－	○
移転事業に係る税効果の置換	○	○	○	○
（投資が清算されるケース）				
譲渡損益の課税	－	○	－	○
現金以外の受取財産に関する税効果	○ (※2)	－	－	○ (※2)

（※1）　会計上ののれんに関する税効果は認識しない。
（※2）　合併の場合は発生しない（消滅会社のため）。

(2) 間接的に事業を取得する企業結合

① 個別財務諸表上の会計処理

　株式交換や株式移転のように，株式を取得することにより間接的に事業を取得する企業結合の場合には，完全親会社が受け入れた完全子会社株式にかかる一時差異に対して，原則として税効果を認識しません。ただし，予測可能な期間に当該子会社株式を売却する予定がある場合の売却予定部分，または売却によって子会社が関連会社にも該当しないこととなる場合（その他有価証券になる場合）には，当該一時差異に対して税効果を認識します（企業結合・事業分離適用指針115，123）。

② 連結財務諸表上の会計処理

　連結財務諸表上は，子会社の資産及び負債は時価で評価されるため（企業結合・事業分離適用指針116，124，連結会計基準20，21，23），連結財務諸表上の資産及び負債（時価）と個別財務諸表上の資産及び負債の差額が一時差異に該当する場合には，税効果会計の対象となります（税効果会計基準第二　二3また書き，税効果会計適用指針18，19）。なお，連結財務諸表上で認識されるのれんについて税効果を認識しない点については，前述した(1)①の取扱いと同様になります。

> ポイント ....
> 　会計上と税務上で組織再編による資産及び負債の評価に相違が生じることがあり，その場合，税効果会計の取扱いに留意が必要である。
> ....

§2

実行時の誤りやすい会計処理

教科書を読んで理解したつもりでも，いざテストを受けると間違った解答をした経験はないでしょうか。間違うことによって理解が誤っていたことに気づいたり，理解がより深まったりすることがあります。M&Aや組織再編の会計処理は非常に難解で，経験する機会も限られています。そこで，本セクションでは，ケースごとに誤解しやすい点，見落としやすい点などを「よくある誤り」として具体的に示し，本セクションを通して多くの間違った経験を学習し，適正な会計処理の理解を深めていただくことを目的としています。

本セクションは本書のメインセクションであり，実務上よく行われるケースを，なるべく多く取り上げました。「よくある誤り」について，どこに注意が必要であるかを解説するとともに，ケースごとの会計処理のポイントを解説します。

ケース1

複数回に分けて株式を取得して連結子会社となった場合の会計処理（原価法→連結子会社）

！連結財務諸表上の会計処理として，支配獲得に至った個々の取引の原価の合計額を子会社株式の取得価額とし，投資と資本の相殺消去を行ってしまった。

❶ 設例（よくある誤り）

　P社は，X1年3月31日に非公開企業であるS社株式10株（10％）を50で取得し，X2年3月31日にS社株式70株（70％）を490で追加取得し，S社を連結子会社とした。なお，X2年3月31日におけるS社株式の時価は560であった。

★P社の誤り

　P社は，個別財務諸表上と同様に，<u>連結財務諸表においてもS社の取得価額を「支配を獲得するに至った個々の取引ごとの原価の合計額」と考えて，S社株式の取得原価を540（＝50＋490）として会計処理を行ってしまった。</u>

　ここに注意！ ▶ ‥‥‥‥‥‥‥‥‥‥‥‥‥‥‥‥‥‥‥‥‥‥‥‥‥‥‥‥‥‥‥‥‥

　取得が複数の取引によって達成された場合，被取得企業の取得原価は，個別財務諸表上は支配を獲得するに至った個々の取引の原価の合計額で算定されるが，連結財務諸表上は企業結合日における時価で算定される。

‥‥

❷ 解　説

　P社は，連結財務諸表上，S社株式の取得原価を，個別財務諸表と同様に支配を獲得するに至った個々の取引ごとの原価の合計額としていますが，正しくは，支配を獲得するに至った個々の取引すべてを企業結合日における時価で処理を行う必要があります。

　企業が他の企業を支配するという事実は，企業の株式を単に取得することと

68

は大きく異なり，支配権という一種のプレミアムを取得することを意味していま
す。支配を獲得したことにより，過去に所有していた投資の実態または本質
が変わったものとみなし，その時点でいったん投資が清算され，改めて投資を
行ったと考えられるため，企業結合時点の時価が新たな投資原価と考えられま
す（企業結合会計基準89）。

　すなわち，P社は，連結財務諸表上，支配を獲得するに至った個々の取引す
べての企業結合日における時価をもって，S社株式の取得原価を算定すること
になります。なお，当該被取得企業の取得原価と，支配を獲得するに至った個々
の取引ごとの原価の合計額との差額は，当期の段階取得に係る損益として処理
されます（企業結合会計基準25(2)）。

❸ 設例（適正な会計処理）

1 X1年3月31日

　P社は，非公開企業であるS社株式10株（10％）を50で取得した。なお，P
社，S社の決算日はいずれも3月31日である。

2 X2年3月31日

　P社は，S社株式70株（70％）を490で追加取得し，S社の持分比率は80％
となり，S社を連結子会社とした。なお，S社株式の時価は560（＝（10＋70）
×@7）であった。

　X2年3月31日時点の各社の貸借対照表は以下のとおりである。

P社貸借対照表

| 諸資産 | 1,960 | 諸負債 | 1,500 |
| S社株式(※1) | 540 | 純資産 | 1,000 |

（※1）　50＋490＝540

S社貸借対照表

| 諸資産 | 1,000 | 諸負債 | 400 |
| | | 純資産 | 600 |

◆連結修正仕訳

（借）	Ｓ 社 株 式	20	（貸）	段階取得に係る差益^{（※1）}		20

（※1） Ｓ社株式の時価（560）とＰ社の個別財務諸表上の帳簿価額（540）の差額。

（借）	純　　資　　産	600	（貸）	Ｓ 社 株 式	560
	の　れ　ん	80		非支配株主持分^{（※2）}	120

（※2） Ｓ社の純資産（600）×20％＝120

◆連結貸借対照表

連結貸借対照表

諸資産	2,960	諸負債	1,900
のれん	80	純資産^{（※4）}	1,020
		非支配株主持分	120

（※4） Ｐ社純資産1,000＋段階取得に係る差益20

◆連結損益計算書

連結損益計算書

段階取得に係る差益	20

ポイント

　複数回に分けて株式を取得して支配を獲得した場合，取得した株式を企業結合日の時価で評価したうえで，連結上の処理を行う必要がある。

　時価評価にあたり，個別上の取得価額と企業結合時点における時価との差額は，当期の連結財務諸表において「段階取得に係る差益」として処理される。

ケース2

複数回に分けて株式を取得して連結子会社となった場合の会計処理（持分法適用関連会社→連結子会社）

! 「原価法→連結子会社」と同様に，支配獲得時の時価と帳簿価額の差額を段階取得に係る差益として計上してしまった。

❶ 設例（よくある誤り）

　P社は，X3年3月31日においてS社株式30株（30%）を150で取得し，S社を持分法適用関連会社とし，X4年3月31日にS社株式50株（50%）を400で追加取得し，S社を連結子会社とした。なお，X4年3月31日におけるS社株式の時価は640（＝(30＋50)×@8）であり，S社株式の持分法による評価額は180であった。

★P社の誤り

　P社は，S社株式の連結上の取得価額を支配獲得時の時価で評価する必要があると考え，支配獲得前にS社が持分法適用関連会社であったことを考慮せずに，P社の個別財務諸表上のS社株式の取得価額（550）と企業結合時点におけるS社株式の時価（640）との差額90を，当期の連結財務諸表において「段階取得に係る差益」としてしまった。

> **ここに注意！**
> ....
> 　S社は持分法適用関連会社であるため，P社連結上のS社に対する投資の額は，支配を獲得するに至った個々の取引の取得価額の合計額に，持分法仕訳の累計を加算したうえで，時価評価した金額となる。
> ....

❷ 解　説

　「原価法→連結子会社」の場合，個別財務諸表上の取得価額と支配獲得時の時価との差額がすべて段階取得に係る差益として処理されます。

　一方，本設例では，S社はすでに持分法適用関連会社であるため，P社連結上，持分法の仕訳が計上され，S社株式の帳簿価額が調整される必要があります。

　取得が複数の取引により達成された場合，連結上，支配を獲得するに至った個々の取引すべての企業結合日における時価をもって，被取得企業の取得原価を算定しますが，この被取得企業の取得原価と，支配を獲得するに至った個々の取引ごとの原価の合計額との差額は，当期の段階取得に係る損益として処理されます。ここで，持分法適用関連会社と企業結合する場合，支配を獲得するに至った個々の取引ごとの原価の合計額は，持分法による評価額を指すことに注意が必要です（企業結合会計基準25(2)なお書き）。

　すなわち，支配を獲得するに至った個々の取引の原価の合計額を持分法による評価額に修正したうえで，支配獲得時の時価に修正する必要があります。

❸ 設例（適正な会計処理）

1　X3年3月31日

　P社は，S社株式30株（30％）を150（＠5）で取得し，連結上P社はS社を持分法適用関連会社としている。なお，P社，S社の決算日はいずれも3月31日である。

2　X4年3月31日

　P社は，S社株式50株（50％）を400（＠8）で追加取得し，S社を連結子会社とした。

　なお，S社株式の時価は640（＝(30＋50)×＠8）であり，P社の連結財務諸表において，S社に対する追加取得直前の持分法による評価額は180であった（S社のX3年3月31日の純資産は500，純資産の増加（100）は利益剰余金の増加）。X4年3月31日時点の各社の貸借対照表は以下のとおりである。

P社貸借対照表

諸資産	1,950	諸負債	1,500
S社株式	550	純資産	1,000

S社貸借対照表

諸資産	1,000	諸負債	400
		純資産	600

◆持分法適用仕訳

（借）	S 社 株 式	30	（貸）	持分法による 投資損益[※1]	30

（※1）　利益剰余金の増加100×持分比率30％＝30

◆S社株式を支配獲得時の時価に修正

（借）	S 社 株 式	60	（貸）	段階取得に係る差益[※2]	60

（※2）　時価640−（個別上のS社株式550＋持分法適用仕訳30）＝60

◆資本連結仕訳

（借）	純 資 産	600	（貸）	S 社 株 式	640
	の れ ん[※4]	160		非支配株主持分[※3]	120

（※3）　S社純資産600×20％＝120
（※4）　貸借差額。

◆連結貸借対照表

連結貸借対照表

諸資産	2,950	諸負債	1,900
のれん	160	純資産	1,090
		非支配株主持分	120

◆連結損益計算書

連結損益計算書

持分法による投資利益	30
段階取得に係る差益	60

　企業結合時における被取得企業の株式簿価は，個別上の簿価ではなく，連結上の簿価となるため，持分法による評価額に修正されたうえで，時価評価した金額となる。

　個別上の簿価から持分法による評価額への修正では差額が「持分法による投資損益」，持分法による評価額から企業結合日の時価への修正では差額が「段階取得による差益」となる。

ケース3

持分比率60％の子会社の非支配株主から20％を取得して，80％とした場合の会計処理

❗ 子会社化した場合と同様に考えて，追加取得に係るのれんを認識してしまった。

❶ 設例（よくある誤り）

　P社は，X1年3月31日に非公開企業であるS社株式60株（60％）を150で取得して連結子会社とした。なお，P社，S社の決算日はいずれも3月31日である。のれんの償却期間は10年とする。P社は，X2年3月31日にS社株式20株（20％）を90で追加取得し，S社を80％連結子会社とした。

★P社の誤り

　P社は，S社の支配を獲得した場合にのれんが認識されるのと同様に，S社株式を支配獲得後に追加で取得した場合にも追加でのれんが認識されると考えてしまった。

> **ここに注意！** ┈┈┈┈┈┈┈┈┈┈┈┈┈┈┈┈┈┈┈┈┈┈┈┈┈┈┈┈┈┈┈┈┈┈
>
> 　新たに支配を獲得した場合はのれんが認識されるが，すでに支配を獲得した会社の持分を追加で取得した場合，追加でのれんは認識されない。
>
> ┈┈

❷ 解　説

　P社はX1年3月31日においてS社の株式60％を取得し，連結子会社としていました。X2年3月31日において追加で20％の株式を取得し，全部で80％の持分を取得しています。

　このとき，X1年3月31日において新たに支配を獲得した場合，親会社の子会社に対する投資とこれに対応する子会社の資本との相殺消去にあたり差額が生じる場合は差額をのれんとします（連結会計基準24）が，支配獲得後に子会

社株式を追加で取得した場合にはのれんが計上されず，資本剰余金で処理することとなります。

　国際的な会計基準において，支配獲得後，支配を喪失する結果とならない親会社持分の変動は資本取引とされており，日本においても国際的な会計基準とのコンバージェンスの観点から，非支配株主との取引によって生じた親会社の持分変動による差額を資本剰余金とすることとされています（連結会計基準51－2）。すなわち，<u>追加取得した持分と投資の差額はのれんではなく，資本剰余金として処理される</u>ことになります（連結会計基準28）。

❸　設例（適正な会計処理）

1　X1年3月31日

　P社は，非公開企業であるS社株式60株（60%）を150で取得した。なお，P社，S社の決算日はいずれも3月31日である。のれんの償却期間は10年とする。

　X1年3月31日の各社の貸借対照表は以下のとおりである。

P社貸借対照表

諸資産	1,850	諸負債	1,000
S社株式	150	資本金	500
		資本剰余金	200
		利益剰余金	300

S社貸借対照表

諸資産	500	諸負債	300
		資本金	100
		利益剰余金	100

◆S社株式取得に係る資本連結仕訳

（借）	資　本　金	100	（貸）	S　社　株　式	150
	利 益 剰 余 金	100		非支配株主持分^(※1)	80
	の　れ　ん^(※2)	30			

（※1）　200×40% ＝ 80
（※2）　貸借差額。

2 X2年3月31日

　P社は，S社株式20株（20％）を90で追加取得し，S社を80％連結子会社とした。

　X2年3月31日の各社の貸借対照表は以下のとおりである。（純資産の増加はすべて利益剰余金の増加とする。）

P社貸借対照表

諸資産	1,960	諸負債	1,000
S社株式	240	資本金	500
		資本剰余金	200
		利益剰余金	500

S社貸借対照表

諸資産	550	諸負債	300
		資本金	100
		利益剰余金	150

◆開始仕訳

（借）資本金	100	（貸）S社株式	150
利益剰余金	100	非支配株主持分[※1]	80
のれん[※2]	30		

（※1）　200×40％＝80
（※2）　貸借差額。

◆S社株式の追加取得に係る資本連結仕訳

（借）非支配株主持分[※1]	50	（貸）S社株式	90
資本剰余金[※2]	40		

（※1）　S社純資産250×20％＝50
（※2）　貸借差額。

◆連結修正仕訳

（借）のれん償却費[※3]	3	（貸）のれん	3

（※3）　のれん30÷10年＝3

| （借） | 非支配株主に帰属
する当期純利益$^{(※4)}$ | 20 | （貸） | 非支配株主持分 | 20 |

（※4）　$50 \times 40\% = 20$

┌─────────┐
│ ポイント ＞ ・・・
└─────────┘

　新たに支配を獲得した場合，親会社の子会社に対する投資とこれに対応する子会社の資本との相殺消去にあたり生じる差額はのれんとする。支配獲得後において，子会社の持分を追加取得した場合，追加取得により増加した親会社持分と追加投資額との間に生じた差額は資本剰余金として処理する。

Column
1

企業結合後の形が同じでも，支配までの過程によって結果が違うってホント？

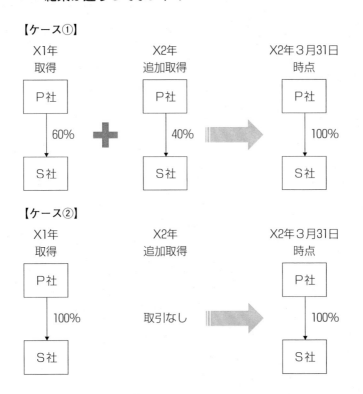

【ケース①】

X1年　　　　　　　　　X2年　　　　　　　X2年3月31日
取得　　　　　　　　　追加取得　　　　　　時点

P社　＋　P社　➡　P社

60%　　40%　　100%

S社　　　　S社　　　　S社

【ケース②】

X1年　　　　　　　　　X2年　　　　　　　X2年3月31日
取得　　　　　　　　　追加取得　　　　　　時点

P社　　　　　取引なし　➡　P社

100%　　　　　　　100%

S社　　　　　　　　　　S社

　上表のケース①・②は，X2年3月31日時点のP社によるS社の持分比率について，どちらもP社がS社の100％持分を取得しているという点では同じです。

　しかしながら，両者は，100％所有に至るまでの過程が異なり，ケース①ではX1年に60％取得して，X2年に40％を追加取得しており，ケース②ではX1年に一度に100％取得しています。

　S社の持分100％を取得する場合に，ケース①とケース②で何が異なるのでしょうか。

　具体的な違いは「のれん」と「資本剰余金」です。ケース①では支配獲得時がX1年であるため，X1年に取得した部分からのれんが発生し，X2年に取得した部分からはのれんではなく資本剰余金が変動します。一方，ケース②では支配獲得時がX1年であるため，X1年に取得した100％部分からのれんが発生しま

す。

　では，のれんの計上額を小さくするために複数の取引に分けて取得すればよいのかというとそうではありません。複数の取引が１つの企業結合を構成している場合には，それらを一体として取り扱うとされています（企業結合会計基準５）。具体的には，複数の取引が一体として取り扱われるかどうかは，事前に契約等により複数の取引が１つの企業結合等を構成しているかどうかなどを踏まえ，当初取引時における当事者間の意図や当該取引の目的等を勘案し，取引の実態や状況に応じて判断するものと考えられます（資本連結実務指針７-３，企業結合会計基準66）。

　そのため，ケース①のように２つの取引に分けたとしても，２つの取引が１つの企業結合を構成している実態であると判断される場合があります。

　複数の取引を別々の取引として処理するのか，一体の取引として処理するのかについて，どのようなポイントがあるのでしょうか。

　この点，会計基準に具体的な線引きについては明確に記載されていませんので，実態に応じて判断することになります。連結財務諸表における資本連結手続に関する実務指針に「事前に契約等により」とあるように，１回目の取得時点において２回目の追加取得を当事者間で事前に契約等によって合意している場合には一体の取引として扱われると考えられます。一方，１回目の取得時点においていずれは100％取得する意思はあるが，投資リスク回避のためにまずは60％を取得し，その後２回目の追加取得を相手方と別途協議により取得した場合には１回目と２回目は別個の取引として扱われると考えられます。

Column
2
新規に子会社化した場合と追加取得した場合でキャッシュ・フロー計算書の表示が違うってホント？

　新規連結の場合と追加取得の場合でキャッシュ・フロー計算書上の記載が異なります。

　新規に子会社化した場合，キャッシュ・フロー計算書上，「連結範囲の変更に伴う子会社株式の取得による支出」等の項目で投資活動によるキャッシュ・フローで記載しますが，追加取得の場合は「連結範囲の変更を伴わない子会社株式の取得による支出」などの項目で財務活動によるキャッシュ・フローの区分に記載します（連結C/F実務指針9-2）。これは，追加取得による親会社の持分変動による差額がのれんではなく資本剰余金に計上されることとの整合性によるものです。

　なお，上記に関連して生じた費用に係るキャッシュ・フローについても，財務活動によるキャッシュ・フローの区分に記載します（連結C/F実務指針9-2）。

持分比率80％の子会社の株式を10％売却して，持分比率70％とした場合の会計処理

! 株式の売却を行っているため，連結財務諸表においても子会社株式売却損益を計上してしまった。

❶ 設例（よくある誤り）

　P社は，X1年３月31日にS社株式の60％を150で取得し，S社を子会社とした。X2年３月31日にP社はS社株式の20％を90で追加取得し，S社の持分比率は80％となった。

　X3年３月31日にP社はS社株式の10％を40で売却して，P社のS社に対する持分は70％となり，支配を継続している。

★P社の誤り

　売却時の処理として，P社は連結財務諸表上，S社株式の売却によってS社株式売却益を計上してしまった。また，持分が80％→70％に減少したため，のれんの一部を取り崩してしまった。

ここに注意！ ┅┅┅┅┅┅┅┅┅┅┅┅┅┅┅┅┅┅┅┅┅┅┅┅┅┅┅┅┅┅┅┅┅┅┅

　P社のS社に対する支配は継続しているため，連結財務諸表においてS社株式を売却しても損益は発生しない。

┅┅┅

❷ 解　説

　P社は，X3年３月31日においてS社株式の10％を売却していますが，P社がS社株式を売却した後もS社に対する支配関係が継続している点がポイントになります。連結財務諸表に関する会計基準第29項において，「子会社株式を一部売却した場合（親会社と子会社の支配関係が継続している場合に限る。）

には，売却した株式に対応する持分（設例では35，以下同じ）を親会社の持分から減額し，非支配株主持分を増額する。売却による親会社の持分の減少額（35）と売却価額（40）との間に生じた差額（5）は，資本剰余金とする。」とされています。つまり，P社はS社株式を売却したことによって個別財務諸表上は子会社株式売却益が計上されますが，連結財務諸表上は子会社株式売却損益が計上されません。

　国際的な会計基準において，支配獲得後，支配を喪失する結果とならない親会社持分の変動は資本取引とされており，日本においても国際的な会計基準とのコンバージェンスの観点から，非支配株主との取引によって生じた親会社の持分変動による差額を資本剰余金とすることとされています（連結会計基準51－2）。P社のS社に対する支配が継続していることから，売却持分と売却価額の差は子会社株式売却損益ではなく，資本剰余金として処理されることになります。

　また，のれんについても，のれんを減額しないこととしている国際的な会計基準における取扱い等を総合的に勘案して，支配獲得時に計上したのれんの未償却額を減額しないこととされています（連結会計基準66-2）。

❸　設例（適正な会計処理）

1　X1年3月31日

　P社はS社株式の60％を150で取得した。のれんは30，償却期間は10年とする。

2　X2年3月31日

　P社はS社株式の20％を90で追加取得して，S社を80％子会社とした。S社の純資産は250であった。

3　X3年3月31日

　P社は，S社株式の10％を40で売却し，継続してS社を連結子会社としている。X3年3月31日の各社の貸借対照表は以下のとおりである。なお，S社のX3年3月期の当期純利益は100であった。

P社貸借対照表

諸資産	2,140	諸負債	1,000
S社株式	210	資本金	500
		資本剰余金	200
		利益剰余金	650

S社貸借対照表

諸資産	650	諸負債	300
		資本金	100
		利益剰余金	250

◆開始仕訳

(借)	資　本　金	100	(貸)	S　社　株　式	240
	資 本 剰 余 金	40		非支配株主持分(※1)	50
	利 益 剰 余 金	123			
	の　　れ　　ん	27			

（※1）　S社のX2年3月31日における純資産250×20％＝50

◆連結仕訳

(借)	のれん償却費(※2)	3	(貸)	の　　れ　　ん	3

（※2）　30÷10年＝3

(借)	非支配株主に帰属する当期純利益(※3)	20	(貸)	非支配株主持分	20

（※3）　S社当期純利益100×20％＝20

◆持分の一部売却

(借)	S　社　株　式	30	(貸)	非支配株主持分(※4)	35
	S社株式売却損益(※5)	5			

（※4）　S社のX3年3月31日における純資産350×10％＝35

（※5）　売却したS社株式と増加する非支配株主持分の差額は，個別上の売却損益で処理する。

◆売却による親会社の持分の減少額と売却価額との間に生じた差額を資本剰余金へ振替

（借）	S社株式売却損益	5	（貸）	資 本 剰 余 金	5

◆（参考）個別上の会計処理

（借）	現　　　　金	40	（貸）	S 社 株 式	30
				S社株式売却損益	10

◆連結貸借対照表

連結貸借対照表

諸資産	2,790	諸負債	1,300
のれん	24	資本金	500
		資本剰余金	165
		利益剰余金	744
		非支配株主持分	105

◆連結損益計算書

連結損益計算書

のれん償却費	3	
非支配株主に帰属する当期純利益	20	

ポイント

親会社が子会社株式を売却した場合であっても，支配関係が継続している場合には，売却持分と売却価額との間に生じた差額は損益ではなく資本剰余金として処理する。また，のれんについては持分を売却しても減額されない。

海外子会社を買収する際に使用する為替レート

❗ 外貨建取引は取引発生時の為替相場による円換算額をもって記録するのが原則なので（外貨建取引等会計処理基準―1），S社の財務諸表のすべての換算に用いる為替レートとして，取得日レート（4月末）を使用してしまった。

❶ 設例（よくある誤り）

　P社は，海外の会社であるS社の株式100％を30ドルでX1年4月30日に取得した。

　P社は3月決算，S社は6月決算である。のれんは，10年で償却する。

【月末レート】

3月末	90円/ドル（みなし取得日レート）
4月末	100円/ドル（取得日レート）

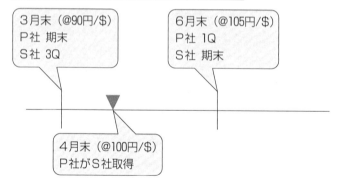

3月末（@90円/$）
P社　期末
S社　3Q

6月末（@105円/$）
P社　1Q
S社　期末

4月末（@100円/$）
P社がS社取得

★P社の誤り

　P社は，海外の会社であるS社を4月末に取得した。S社の第3四半期末である3月末をみなし取得日とした。P社は，連結財務諸表を作成するにあたり，外貨建取引等会計処理基準―1「外貨建取引は，原則として，当該取引発生時の為替相場による円換算額をもって記録する。」に基づき，S社の財務諸表を

取引発生時の為替レートで円換算するべきと考え，子会社株式及びS社の財務諸表を，取引発生時である取得日の為替レートで円換算をしてしまった。

ここに注意！ ▶▶▶▶▶▶▶▶▶▶▶▶▶▶▶▶▶▶▶▶▶▶▶▶▶▶▶▶▶▶▶▶▶▶▶▶▶▶▶

　海外子会社の取得にあたってみなし取得日の考え方を採用した場合，貸借対照表の外貨項目を「取得日レート」で換算することはできない。

▶▶

❷ 解　説

　外貨建取引等会計処理基準一1に基づいて考えて処理を行う場合，P社の連結財務諸表作成上，実際の取得日である4月末のS社の貸借対照表を取り込む前提で4月末の為替レートである1ドル＝100円で換算することになります。

　しかしながら，支配獲得日，株式の取得日または売却日等が子会社の決算日以外の日である場合には，当該日の前後いずれかの決算日に支配獲得，株式の取得または売却等が行われたものとみなして処理することができる（連結会計基準（注5））とされており，P社はS社を3月末に取得したものとみなして会計処理をしています。これは，通常の決算日以外に決算を行うという実務上の手間を考慮していると考えられます。

　みなし取得日の考え方を採用した場合に，S社の財務諸表項目及びP社の保有するS社株式の換算にあたって適用するレートが問題になります。

　基準上，外貨建てののれんについては，原則として支配獲得時（みなし取得日を用いる場合には子会社の決算日（みなし取得日））に当該外国通貨で把握することが明示されています（外貨建取引実務指針40）。

　しかしながら，在外子会社等の純資産（外国通貨で表示されている財務諸表項目）の換算については，株式取得時の為替相場による円換算額を付する（外貨建取引実務指針36）とされており，みなし取得日の定めを使用した場合の在外子会社の純資産の換算については明文の定めはありません。また，資産及び負債についても，みなし取得日の定めを適用した場合の換算について明文の定めはありません。しかしながら，みなし取得日の考え方が実務上の手間を考慮して用いられていることを考えると，資産・負債・純資産についてもみなし取

得日の為替レートを用いて換算するものと考えられます。そして，この考え方は，みなし取得日を用いる場合には子会社の決算日であるみなし取得日のレートでのれんを換算するという点とも整合するといえます。

　なお，S社の純資産をみなし取得日のレートで換算すると，P社の投資は実際の取得日のレートで換算されるため，外貨ベースでは一致しますが，円ベースでは不一致となります。この差額は，為替換算調整勘定として処理されます。

　以下の表は，会社が採用した誤った方法と，上述の考え方に基づいて換算した方法を比較したものです。

	S社の資産・負債	S社の資本	のれん当初認識額	子会社株式（S社株式）
会社の採用した方法	取得日レート	取得日レート	取得日レート	取得日レート
上述に基づく方法	みなし取得日レート	みなし取得日レート	みなし取得日レート	取得日レート

❸　設例（適正な会計処理）

　P社は，米国の会社であるS社の株式100％を30ドルでX1年4月30日に取得した。ただし，P社は，子会社の直近の四半期決算日であるX1年3月31日をみなし取得日としている。

　P社の決算日は3月決算，S社の決算日は6月決算である。のれんは，10年で償却する。

【月末レート】

3月末	90円/ドル（みなし取得日レート）
4月末	100円/ドル（取得日レート）

　X1年3月31日の各社の貸借対照表は以下のとおりである。

P社貸借対照表

科目	外貨	レート	円貨	科目	外貨	レート	円貨
諸資産			50,000	資本金			30,000
S社株式	200	100	20,000	利益剰余金			40,000

S社貸借対照表

科目	外貨	レート	円貨	科目	外貨	レート	円貨
諸資産	100	90	9,000	資本金	60	90	5,400
				利益剰余金	40	90	3,600

◆S社株式取得に係る資本連結仕訳

	科目	外貨	レート	円貨		科目	外貨	レート	円貨
(借)	資 本 金	60	90	5,400	(貸)	S 社 株 式	200	100	20,000
	利益剰余金	40	90	3,600		為替換算調整勘定(※2)			▲2,000
	のれん(※1)	100	90	9,000					

（※1） 外貨での貸借差額にみなし取得日レートを乗じて円貨を算定。
（※2） 最終的な円貨での貸借差額。

◆連結貸借対照表

連結貸借対照表

諸資産	59,000	資本金	30,000
のれん	9,000	利益剰余金	40,000
		為替換算調整勘定	▲2,000

> **ポイント**
>
> みなし取得日の考え方を適用して在外子会社を取得する場合，まず外貨による投資と資本の相殺消去によりのれんを算定し，最終的な円貨による貸借差額は為替換算調整勘定として処理される。

条件付対価で会社を取得する場合の会計処理

! 条件達成に伴って追加認識されたのれんの償却費を，その追加認識時点から起
算して償却してしまった。

❶ 設例（よくある誤り）

　P社は，X1年3月31日にS社株式の100％を取得するにあたり，取得対価に
ついて，「X3年3月期に営業利益100を達成した場合，200支払う」条件で株式
譲渡契約書を締結した。なお，のれんは5年間で償却を行うものとする。

　X3年3月期において，S社は上記の営業利益100という条件を達成し，P社
は追加で200を支払った。

★P社の誤り

　P社は，X3年3月期末に追加ののれん200を認識し，追加ののれんの償却は，
当初ののれんの償却期間である5年間にわたりX4年3月期から均等に償却すれ
ば足りると考えてしまった。

　すなわち，P社は，のれん償却費の推移を下表のように考えてしまった。

	X1年	X2年	X3年	X4年	X5年	X6年	X7年	X8年
追加のれん償却費				40	40	40	40	40

ここに注意！ ••

　条件達成に伴い追加認識されたのれんは，計上された事業年度から償却されるが，
償却期間の起算は追加認識時点ではなく，当初の企業結合日時点である。

•••

❷ 解　説

　条件付取得対価が企業結合契約締結後の将来の業績に依存する場合には，条

件付取得対価の交付または引渡しが確実となり，その時価が合理的に決定可能となった時点で，支払対価を取得原価として追加的に認識するとともに，のれんまたは負ののれんを追加的に認識します（企業結合会計基準27(1)）。本設例ではX3年3月期の業績条件が達成されたことによって「条件付取得対価の交付または引渡しが確実」となっており，P社は支払対価200をS社株式の取得原価として追加的に認識するとともに，のれんを追加的に認識することになります。

さらに，追加的に認識する，または減額するのれんまたは負ののれんは，企業結合日時点で認識または減額されたものと仮定して計算し，追加認識または減額する事業年度以前に対応する償却額及び減損損失額は損益として処理されます（同注4）。本設例においては，X1年3月31日にS社を取得し，のれん償却は翌事業年度から開始されているので，追加認識されたのれんについても同様にX1年3月31日に発生したと仮定して処理する必要があります。のれん償却費については，追加認識されたX3年3月31日以前に対応する償却額は一時の損益とする方法によって計上されることになります。

なお，企業結合の対価に係る調整として，あらかじめ定められた条件達成の場合に生じる追加対価を支払う仕組みのことを「アーンアウト」といいます。

❸　設例（適正な会計処理）

P社は，X1年3月31日にS社株式の100％を取得するにあたり，取得対価について，「X3年3月期に営業利益100を達成した場合，200支払う」条件で株式譲渡契約書を締結した。なお，のれんは5年間で均等償却を行うものとする。

X1年3月31日における各社の貸借対照表及び連結貸借対照表は，以下のとおりである。

P社貸借対照表

諸資産	5,000	諸負債	4,000
S社株式	500	資本金	1,000
		利益剰余金	500

S社貸借対照表

諸資産	1,000	諸負債	600
		資本金	300
		利益剰余金	100

連結貸借対照表

諸資産	6,000	諸負債	4,600
のれん	100	資本金	1,000
		利益剰余金	500

　X3年3月期において，S社は営業利益100を達成し，条件付取得対価として200を支払うことが確実となったことにより，P社は以下の連結仕訳を計上する。

◆業績条件達成に伴う追加のれん計上

（借）の　れ　ん　　200	（貸）S　社　株　式　　200

◆業績条件達成に伴う追加のれんの償却費の計上（X4年3月期）

　P社は，条件達成に伴って追加認識されたのれんについてもS社買収時に発生したと考え，X2年3月期から5年間で償却する。追加認識する事業年度以前に対応する償却額は損益として処理する。

（借）のれん償却費(※)　　120	（貸）の　れ　ん　　120

（※）　X2年3月期～X4年3月期におけるのれん償却費を一時の損益として計上する。

　適正なのれん償却費の推移は下表のとおりである。

	X1年	X2年	X3年	X4年	X5年	X6年	X7年	X8年
当初のれん（100）		20	20	20	20	20		
追加のれん（200）				120	40	40		
のれん償却費	−	20	20	140	60	60	−	−

ポイント ··

　条件達成に伴って追加認識されたのれんは，企業結合日時点で認識されたものとして，追加認識する事業年度以前に対応する償却額は一時点の損益として処理される。

··

ケース7

取得関連費用の会計処理

! 子会社化に伴う取得関連費用（外部のアドバイザー等に支払った特定の報酬・手数料等）を個別財務諸表上の処理と同様に連結財務諸表上も子会社株式の取得原価に含めてしまった。

❶ 設例（よくある誤り）

　P社は，非公開企業であるS社株式60株（60%）を21,000で取得した。取得にあたって必要となった外部アドバイザーに対して支払った費用は2,500であったため，P社の個別財務諸表上のS社株式を，株式の購入価額に取得関連費用（付随費用を含む。以下同様）を合計した23,500で処理している。

★P社の誤り

　S社株式の取得原価について，連結財務諸表上も取得関連費用を含めた23,500として処理を行ってしまった。

ここに注意！

　取得関連費用について，個別財務諸表上はS社株式の取得原価を構成するが，連結財務諸表上はS社株式の取得原価に含まれず，取得関連費用は発生時の費用として計上する。

❷ 解　説

　個別財務諸表においては，取得関連費用は金融商品の取得として扱われ，子会社に対する投資額（子会社株式の取得原価）に含められます（金融商品会計実務指針56）。一方，連結財務諸表においては企業結合会計基準が適用され，取得関連費用は発生した連結会計年度の費用として処理されます（企業結合会計基準26）。

　平成25年改正前の企業結合会計基準においては，取得とされた企業結合に直接要した支出額のうち取得の対価性が認められるものは取得原価に含めて処理するとされていました。取扱いが変更された理由として，国際的な会計基準とのコンバージェンスの観点があります。国際的な会計基準では，取得関連費用は企業結合当事者間の取引ではなく，取得者と外部アドバイザーとの取引により生じたものであり，当該取得関連費用は企業結合における取引により生じたものではないと考えられること等から，取得原価に含めず，発生した連結会計年度の費用として取り扱われています。

　そこで，P社は，S社株式の取得に際して支払った取得関連費用を個別財務諸表上はS社株式の取得原価に含めて処理しますが，連結財務諸表上は発生した連結会計年度の費用として処理する必要があります。

❸　設例（適正な会計処理）

　P社は，非公開企業であるS社株式60株（60％）を21,000で取得した。取得にあたって必要となった外部アドバイザーに対して支払った費用は2,500であった。

◆個別財務諸表上の処理

（S社株式取得の仕訳）

（借）　S　社　株　式	21,000	（貸）　現　金　及　び　預　金	21,000

（取得関連費用の計上）

（借）　S　社　株　式	2,500	（貸）　現　金　及　び　預　金	2,500

P社貸借対照表

諸資産	96,500	諸負債	70,000
S社株式	23,500	資本金	20,000
		利益剰余金	30,000

S社貸借対照表

諸資産	60,000	諸負債	29,000
		資本金	20,000
		利益剰余金	11,000

◆連結財務諸表上の処理

（資本連結の処理）

| （借） 支 払 手 数 料(※) | 2,500 | （貸） S 社 株 式 | 2,500 |

（※） 個別財務諸表上でS社株式の取得価額を構成していた取得関連費用を，一時の費用と
して処理を行う。

（投資と資本の相殺消去）

（借） 資 本 金	20,000	（貸） S 社 株 式	21,000
利 益 剰 余 金	11,000	非支配株主持分	12,400
の れ ん	2,400		

◆連結貸借対照表

連結貸借対照表

諸資産	156,500	諸負債	99,000
のれん	2,400	純資産	20,000
		利益剰余金(※6)	27,500
		非支配株主持分	12,400

ポイント ....

個別財務諸表：株式の購入価格＋取得関連費用
連結財務諸表：株式の購入価格

....

応用1 　複数回の取引により支配を獲得した場合の取得関連費用の取扱い

　X3年3月31日にP社によるA社株式3,000（30％）の取得に伴い，取得関連
費用300が発生した。P社はA社を持分法適用会社としている。

　X4年3月31日にP社によるA社株式5,500（50％）の追加取得に伴い，取得
関連費用800が発生した。P社はA社を連結子会社としている。

この取得関連費用について，個別財務諸表と連結財務諸表における取扱いは下表のとおりである。

	取得関連費用	個別財務諸表	連結財務諸表
X3年3月31日	300	A社株式の取得原価に含まれる	A社株式の取得原価に含まれる[※1]
X4年3月31日	800	A社株式の取得原価に含まれる	費用処理[※2]

（※1）　持分法の場合，取得関連費用300はA社株式の取得価額に含める。
（※2）　連結子会社化した際の取得関連費用800は，発生時に費用処理される。なお，持分法適用時にA社株式の取得原価に含められた取得関連費用300は，子会社化された場合にも費用処理されず，A社株式の取得原価に含めたままとされる。

応用2　取得関連費用の発生した翌期に買収が実行される場合

P社は，X6年3月31日にS2社を買収する目的で，X5年3月31日に外部アドバイザーに400支払っている。X6年3月31日に予定どおりS2社を買収している。

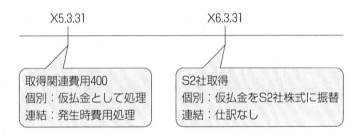

P社は，X5年3月31日時点ではS2社株式は取得していない。このとき，X5年3月期に発生した取得関連費用はどのように処理したらよいか。

個別財務諸表では，子会社株式の取得原価は「金融商品に関する会計基準」に従って算定するため，この取得関連費用は，子会社株式の取得原価に含めることになる。したがって，X5年3月31日決算時点において買収の可能性が高いと判断された取得関連費用は仮払金等として資産に計上し，X6年3月31日に買収が成立した場合には仮払金から子会社株式に振り替えるか，買収が不成立になった場合には仮払金を取り崩し費用計上することになると考えられる。

一方，連結財務諸表では，取得関連費用は発生した連結会計年度の費用として処理されるため，X5年 3 月31日に費用計上される。

親会社が無対価により子会社に対して事業を移転した場合の会計処理

! 親会社は，個別財務諸表の作成に際して，移転した事業の適正な帳簿価額により子会社株式を増額すればよいと判断してしまった。

❶ 設例（よくある誤り）

　P社は，X1年3月31日にS社株式の100％を保有し，完全子会社としており，X1年4月1日に同社を吸収分割会社，S社を吸収分割承継会社として，保有するX事業を，X1年4月1日を分割期日として吸収分割した。この吸収分割は，P社グループ内での組織再編であることに鑑みて，無対価により実行された。

【スキーム図】

組織再編実行前　　　　　　組織再編　　　　　　　組織再編実行後

★P社の誤り

　P社は，個別財務諸表の作成において，子会社株式のみを対価として，当該子会社に対して会社分割により事業を移転する場合と同様の会計処理になると考えた。このため，P社は，実際にはS社株式を受け取っていないにもかかわらず，移転したX事業の株主資本相当額（資産－負債）分だけS社の株主資本が増加することから，P社はS社株式を増額する会計処理を実施してしまった。

親会社が無対価により子会社に対して事業を移転した場合，親会社の保有する子会社株式は増加しない。

❷ 解　説

親会社の事業を子会社に移転する会社分割の形式の組織再編において，結合当事企業のすべてが同一の株主に株式のすべてを直接または間接保有されており（完全親子会社関係にあり），組織再編の対価が支払われない場合には，吸収分割会社である親会社は，移転事業に係る株主資本相当額により株主資本を変動させる必要があります（企業結合・事業分離適用指針203-2(2)①，233，226，446）。

言い換えれば，この場合における吸収分割会社である親会社は，移転事業に係る株主資本相当額について，子会社株式を増額せず，株主資本から控除する会計処理を実施することになります。なお，変動させる株主資本の内訳は，取締役会等の会社の意思決定機関において定められた額（自己株式等適用指針10）とします。

これは，無対価による親会社から子会社への会社分割において，親会社の個別財務諸表上，親会社が子会社に分割型の会社分割により事業を移転する場合の会計処理（企業結合・事業分離適用指針203-2(2)①）に準じて処理を行うことになるためです。

したがって，P社は，個別財務諸表の作成において，移転したX事業に係る資産及び負債（関連する繰延税金資産及び繰延税金負債を含む）に対応する株主資本相当額について，取締役会等において定めた株主資本項目を変動させることになります。

❸ 設例（適正な会計処理）

X1年3月31日に，P社は，S社株式の100%を保有し，完全子会社としている。X1年3月31日における各社の貸借対照表は以下のとおりである。

P社貸借対照表

諸資産	700	諸負債	200
X事業資産	300	X事業負債	50
S社株式	80	資本金	40
		その他資本剰余金	470
		繰越利益剰余金	320

S社貸借対照表

諸資産	100	諸負債	20
		資本金	80

　P社は，X1年4月1日に同社を吸収分割会社，S社を吸収分割承継会社として，保有するX事業を，X1年4月1日を分割期日として吸収分割した。当該吸収分割は，P社グループ内での組織再編であることに鑑みて，無対価により実行された。

　なお，P社は，取締役会において，本吸収分割において減額すべき株主資本項目をその他資本剰余金と定めている。

◆P社（吸収分割会社）の会計処理

　P社は，X事業の移転に際して，当該X事業の株主資本相当額250（X事業資産の適正な帳簿価額300からX事業負債の適正な帳簿価額50を控除して算定）に基づき，その他資本剰余金を減額する（企業結合・事業分離適用指針203-2(2)①，233，226）。

（借）	X 事 業 負 債	50	（貸）	X 事 業 資 産	300
	その他資本剰余金	250			

◆S社（吸収分割承継会社）の会計処理

　S社は，P社から受け入れたX事業に係る資産及び負債を分割期日の前日に付された適正な帳簿価額により計上する。このとき，受け入れたX事業に係る資産及び負債の相手勘定としての増加すべき株主資本は，親会社が変動させた株主資本の内訳項目と同一となる。すなわち，その他資本剰余金を増額する（企業結合・事業分離適用指針203-2(2)①，234，227）。

| （借）　X 事 業 資 産 | 300 | （貸）　X 事 業 負 債 | 50 |
| | | その他資本剰余金 | 250 |

　親会社が無対価により子会社に対して事業を移転した場合，移転事業の資産及び負債の帳簿価額の差額だけ株主資本を変動させる。

ケース9

子会社が無対価により親会社に対して事業を移転した場合の会計処理

❗ 親会社は，個別財務諸表の作成に際して，受け入れた資産及び負債の適正な帳簿価額により子会社株式を減額すればよいと判断してしまった。

① 設例（よくある誤り）

　P社は，X1年3月31日にS社株式の100％を保有し，完全子会社としている。

　S社は，X1年4月1日に同社を吸収分割会社，P社を吸収分割承継会社として，保有するX事業を，X1年4月1日を分割期日として吸収分割した。この吸収分割は，P社グループ内での組織再編であることに鑑みて，無対価により実行された。

【スキーム図】

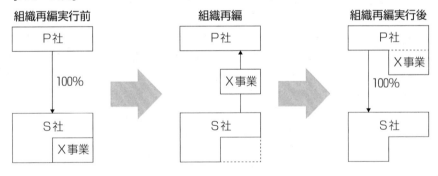

★P社の誤り

　P社は，個別財務諸表の作成において，子会社からの投資の払い戻しであり，当該子会社からのその他資本剰余金の処分による配当の会計処理になると考えた。このため，P社は，受け入れたX事業の資産及び負債の適正な帳簿価額により子会社株式を減額する会計処理を実施してしまった。

ここに注意！ ●●

　子会社が無対価により親会社に対して事業を移転した場合，親会社の保有する子会社株式の減少額は，移転事業の資産及び負債の帳簿価額の差額ではない。

●●

❷　解　説

　子会社の事業を親会社に移転する会社分割の形式の組織再編において，結合当事企業のすべてが同一の株主に株式のすべてを直接または間接保有されており（完全親子会社関係にあり），組織再編の対価が支払われない場合には，吸収分割会社である子会社は，移転事業に係る株主資本相当額により株主資本を変動させる必要があります。なお，移転事業に係る繰延税金資産及び繰延税金負債が計上されている場合には，当該株主資本から控除し，法人税等調整額として処理します（企業結合・事業分離適用指針203- 2(2)③，221，226）。

　一方で，吸収分割承継会社である親会社は，子会社から受け入れた資産及び負債を分割期日の前日に付された適正な帳簿価額（連結財務諸表上の金額である修正後の帳簿価額（のれんを含む））により計上します。そして，この資産及び負債の差額のうち，親会社持分相当額については保有していた子会社株式（抱合せ株式）のうち受け入れた資産及び負債と引き換えられたものとみなされる額との差額を抱合せ株式消滅差損益（特別損益）に計上し，非支配株主持分相当額についてはその他資本剰余金として処理します（企業結合・事業分離適用指針218，220）。

　なお，子会社株式のうち受け入れた資産及び負債と引き換えられたものとみなされる額とは，以下のいずれかの方法のうち合理的と認められる方法により算定します（企業結合・事業分離適用指針219）。

---

　①　関連する時価の比率で按分する方法

　　分割された移転事業に係る株主資本相当額の時価と会社分割直前の子会社の株主資本の時価との比率により，子会社の株式の適正な帳簿価額を按分する。

---

② 時価総額の比率で按分する方法

会社分割の直前と直後の子会社の時価総額の差額を分割された事業の時価とみなし，会社分割直前の子会社の時価総額との比率により，子会社の株式の適正な帳簿価額を按分する。

③ 関連する帳簿価額（連結財務諸表上の帳簿価額を含む）の比率で按分する方法

分割された移転事業に係る株主資本相当額の適正な帳簿価額と会社分割直前の子会社の株主資本の適正な帳簿価額との比率により，子会社の株式の適正な帳簿価額を按分する。

以上のとおり，吸収分割承継会社である親会社は，単純に，受け入れた資産及び負債の適正な帳簿価額により子会社株式を減額するのではなく，子会社に対する投資の一部が移転事業として回収されたとみなすことから，受け入れた資産及び負債の適正な帳簿価額による差額のうち親会社持分相当額について，子会社株式のうち受け入れた資産及び負債と引き換えられたものとみなされる額を減額するとともに，それらの差額を抱合せ株式消滅差損益として計上することになります。

これは，無対価による子会社から親会社への会社分割において，親会社の個別財務諸表上，子会社が親会社に分割型の会社分割により事業を移転する場合の会計処理に準じて処理を行うことになるためです。

したがって，P社は，個別財務諸表の作成において，受け入れたX事業の資産及び負債を分割期日前日の適正な帳簿価額により計上するとともに，S社株式のうち受け入れたX事業の資産及び負債と引き換えられたものとみなされる額によりS社株式を減額し，受け入れたX事業の資産及び負債の適正な帳簿価額との差額を抱合せ株式消滅差損益として計上することになります。

❸ 設例（適正な会計処理）

P社は，X1年3月31日にS社株式の100%を保有し，完全子会社としている。X1年3月31日の各社の貸借対照表は以下のとおりである。

P社貸借対照表

諸資産	550	諸負債	140
S社株式	1,000	資本金	320
		その他資本剰余金	410
		繰越利益剰余金	680

S社貸借対照表

諸資産	1,700	諸負債	900
X事業資産	300	X事業負債	100
		資本金	620
		その他資本剰余金	380

　X1年4月1日において，S社は，同社を吸収分割会社，P社を吸収分割承継会社として，保有するX事業を，X1年4月1日を分割期日として吸収分割した。当該吸収分割は，P社グループ内での組織再編であることに鑑みて，無対価により実行された。

　なお，P社が保有するS社株式のうち，受け入れたX事業の資産及び負債と引き換えられたものとみなされる額は関連する時価の比率により按分する方法による。X事業の株主資本の時価は360であり，S社の株主資本の時価は1,440である。

　また，S社は，取締役会において，本吸収分割において減額すべき株主資本項目をその他資本剰余金と定めている。

◆S社（吸収分割会社）の会計処理

　S社は，X事業の移転に際して，当該X事業の株主資本相当額200（X事業資産の適正な帳簿価額300からX事業負債の適正な帳簿価額100を控除して算定）に基づき，その他資本剰余金を減額する（企業結合・事業分離適用指針203-2(2)③，221，226）。

(借)	X 事 業 負 債	100	(貸)	X 事 業 資 産	300
	その他資本剰余金	200			

◆P社（吸収分割承継会社）の会計処理

　P社は，S社から受け入れたX事業に係る資産及び負債を分割期日の前日に付された適正な帳簿価額により計上する。そして，S社株式のうち受け入れたX事業の資産及び負債と引き換えられたものとみなされる額によりS社株式を減額し，受け入れたX事業の資産及び負債の適正な帳簿価額との差額を抱合せ株式消滅差損益として計上する（企業結合・事業分離適用指針203-2(2)③，218〜220）。

| （借） | X 事 業 資 産 | 300 | （貸） | X 事 業 負 債 | 100 |
| | 抱合せ株式消滅差損 | 50 | | S 社 株 式[※1] | 250 |

（※1）　S社株式のうち受け入れたX事業の資産及び負債と引き換えられたものとみなされる額250＝S社株式の適正な帳簿価額1,000×引き換えられた割合0.25[※2]
（※2）　引き換えられた割合0.25＝X事業の株主資本の時価360÷S社の株主資本の時価1,440

ポイント

　子会社が無対価により親会社に対して事業を移転した場合，親会社では子会社株式の減少額と譲受事業の資産及び負債の帳簿価額との差額が抱合せ株式消滅差損益として計上される。

吸収分割により親会社が子会社に移転する事業の対価として子会社株式を受け取った場合の会計処理

❗ 移転事業に係る繰延税金資産及び繰延税金負債の額を子会社株式の取得原価に含めてしまった。

① 設例（よくある誤り）

　P社は，吸収分割によりa事業をP社の100％子会社であるS社に移転し，対価としてS社株式を受け取った。当該取引はS社に移転した後もP社のa事業に対する投資は継続することから，P社において移転損益は認識されない。税務上，本件吸収分割は適格分社型分割に該当し，P社におけるS社株式の取得原価は，移転事業に係る資産及び負債の税務上の帳簿価額に基づくものとする。なお，P社の繰延税金資産の回収可能性における企業の分類は（分類2）に該当し，移転するa事業に係る一時差異に対する繰延税金資産の回収可能性はあるものと判断されたとする。

【スキーム図】

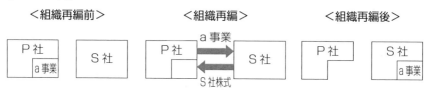

★P社の誤り

　P社は，受け取るS社株式の取得原価を移転事業に係る株主資本相当額すなわち資産と負債の差額であると考えていた。このため，P社は，移転するa事業に係る繰延税金資産についても，P社が受け取るS社株式の取得原価に含めてしまった。

投資が継続していると判断される事業分離において，移転事業に係る繰延税金資産及び繰延税金負債は，受け取った株式等に係る繰延税金資産及び繰延税金負債に置き換わったとみなされるため，受取対価であるS社株式の取得原価には含めない。

❷　解説

　本設例は，親会社であるP社のa事業を子会社であるS社に移転する事業分離であり，移転するa事業の対価がS社株式（子会社株式）のみの場合であることから，P社が会社分割により追加取得するS社株式の取得原価は，移転したa事業に係る株主資本相当額に基づき算定します（事業分離会計基準19(1)，企業結合・事業分離適用指針226）。したがって，当該吸収分割により移転損益は生じません（企業結合・事業分離適用指針444）。そして，S社株式の取得原価の算定にあたっては，移転事業に係る繰延税金資産及び繰延税金負債を移転事業に係る株主資本相当額から除外するために，受け取るS社株式に係る一時差異に対する繰延税金資産及び繰延税金負債として計上する必要があります（企業結合・事業分離適用指針108(2)）。なお，本設例では，a事業に移転する繰延税金資産は全額回収可能性があると判断していますが，受け取ったS社株式に係る一時差異に対する繰延税金資産の計上に際しては，繰延税金資産の回収可能性に関する適用指針（企業会計基準適用指針第26号第15項から第32項）に従って判断したP社における繰延税金資産の回収可能性に関する企業の分類に応じて回収可能性の有無を判断することになります（企業結合・事業分離適用指針108(2)後段）。

　仮にP社が個別財務諸表上，事業分離に際して繰延税金資産及び繰延税金負債を計上しない場合には，P社で事業分離前に認識していた繰延税金資産及び繰延税金負債がS社に移転するため，当該繰延税金資産及び繰延税金負債の金額は，P社の受取対価であるS社株式の取得原価に含まれることとなります。すなわち，その後のP社の期末における税効果会計の対象となるS社株式の会計上の簿価には，事業分離前にP社で認識していたa事業に係る繰延税金資産及び繰延税金負債の金額が反映されることになります。その結果，S社株式の

売却等を行う意思決定又は実施計画が存在する場合，当該一時差異について新たに繰延税金資産及び繰延税金負債とともに法人税等調整額を計上することになります。しかし，当該計上額は本来売却時に課税される法人税等の金額とは異なるため，株式売却時の損益を歪めてしまう弊害が生じてしまいます。このような弊害を避けるため，事業分離日において移転する事業に係る一時差異に対する繰延税金資産及び繰延税金負債は，分離先企業の株式等に係る一時差異に対する繰延税金資産及び繰延税金負債として同額を計上する必要があります（企業結合・事業分離適用指針402）。

　本設例の事業分離は共通支配下の取引であり受取対価が子会社株式のみであることから，親会社のa事業への投資は継続しているものと考えられます。この場合，a事業が移転した日において，P社で認識されたa事業に係る繰延税金資産はS社に移転することとなるため，これと同時に，P社がa事業の対価として受け取るS社株式に係る一時差異に対する繰延税金資産として同額を計上することが適当と考えられます。

❸ 設例（適正な会計処理）

　P社は，吸収分割により，a事業をP社の100％子会社であるS社に移転し，対価としてS社株式を受け取った。

　吸収分割日直前のP社の貸借対照表及びS社に移転するa事業の内容は以下のとおりである。

【P社の分割期日前日の貸借対照表】

現金	150	負債	180
棚卸資産	200	資本金	200
繰延税金資産	30	利益剰余金	100
（棚卸資産に係るもの）			
S社株式	100		

【S社に移転するa事業】

棚卸資産	200	負債	100
繰延税金資産 （棚卸資産に係るもの）	30	差額　130	

※法定実効税率は30%とする。

※棚卸資産の税務上の帳簿価額は300とする。

※P社の繰延税金資産の回収可能性における企業の分類は（分類2）に該当し，移転するa事業に係る一時差異に対する繰延税金資産の回収可能性はあるものと判断されたとする。

◆P社（分離元企業）の会計処理

（借）S 社 株 式(※1)	100	（貸）棚　卸　資　産	200
負　　　　　債	100	繰 延 税 金 資 産(※2) （棚卸資産に係るもの）	30
繰 延 税 金 資 産(※2) （S社株式に係るもの）	30		

（※1）　S社に移転するa事業の繰延税金資産及び繰延税金負債を除く株主資本相当額

（※2）　移転事業に係る棚卸資産のうち会計上と税務上の帳簿価額の差額に対して計上していた繰延税金資産は分割によりP社から切り離されるが，受取対価がS社株式であることから投資が継続されていると考え，S社株式に係る一時差異に対する繰延税金資産に置き換わっている（企業結合・事業分離適用指針108(2)）。

┌─ ポイント ＞ ··

移転する事業に係る繰延税金資産及び繰延税金負債は親会社から切り離されるものの，受け取る子会社株式の取得原価には含めないよう，親会社において繰延税金資産及び繰延税金負債を計上することが必要である。なお，繰延税金資産については親会社の繰延税金資産の回収可能性を判断する際の企業の分類に応じて繰延税金資産の回収可能性の判断を行う点に留意する。

··

ケース11

債務超過の事業を新設分割した場合の会計処理

❗ 債務超過の事業を新設分割し子会社化した際に，分離元企業は当該新設分割により増加した株主資本の額を利益として計上してしまった。

❶ 設例（よくある誤り）

P社は，X事業（諸資産20，諸負債100）をX1年3月31日（効力発生日）に新設分割し，新設分割子会社S社を設立した。

P社は，この新設分割により増加した株主資本80を利益として計上した。

【スキーム図】

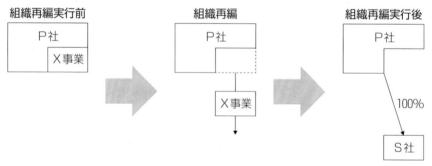

★P社の誤り

P社は，個別財務諸表の作成において，新設分割により減少した資産20及び負債100の分割期日前日の適正な帳簿価額に基づき算定した株主資本相当額の増額部分80について，債務超過の事業を切り出すことにより財政状態が改善したと考え，利益として計上するべきであると判断してしまった。

> **ここに注意！** ▶▶▶▶▶▶▶▶▶▶▶▶▶▶▶▶▶▶▶▶▶▶▶▶▶▶▶▶▶▶▶▶▶▶▶▶
>
> 新設分割により移転する事業の株主資本相当額がマイナスの場合には，このマイナスの金額を「組織再編により生じた株式の特別勘定」等の適切な科目により負債に計上し，利益として計上しない。

❷　解　説

　新設分割による子会社の設立は企業結合に該当しない取引であり共通支配下の取引には該当しませんが，新設分割会社（親会社）の会計処理は，会社分割により親会社が子会社に事業を移転する場合の親会社（吸収分割会社）の会計処理に準じて処理することが定められています（企業結合・事業分離適用指針260）。

　このため，親会社が子会社に対して株式を対価として事業を移転する場合と同様に，経済的実態としては親会社における移転事業に関する投資がそのまま継続しているという考え方を踏まえ，移転事業に関する株主資本相当額がマイナスの場合には，受け取った子会社株式の取得原価はゼロとし，利益を計上せずに「組織再編により生じた株式の特別勘定」等，適切な科目をもって負債に計上することになります（企業結合・事業分離適用指針226なお書き，394）。

❸　設例（適正な会計処理）

　P社は，X事業（X事業資産20，X事業負債100）をX1年3月31日（効力発生日）に新設分割し，新設分割子会社S社を設立した。

　X1年3月31日におけるP社の貸借対照表は以下のとおりである。

P社貸借対照表

諸資産	200	諸負債	80
X事業資産	20	X事業負債	100
		資本金	10
		繰越利益剰余金	30

◆P社（新設分割会社）の会計処理

　P社は，新設分割により取得するS社株式（子会社株式）の取得原価を移転するX事業の効力発生日直前の適正な帳簿価額による株主資本相当額に基づいて算定する。X事業に係る株主資本相当額がマイナス80（＝X事業資産20－X事業負債100）であるため，P社は，子会社株式の取得原価をゼロとし，当該マイナスの額は子会社株式の評価的な勘定として「組織再編により生じた株式

の特別勘定」として負債計上する（企業結合・事業分離適用指針226，394）。

| （借） | X 事 業 負 債 | 100 | （貸） | X 事 業 資 産 | 20 |
| | 子 会 社 株 式 | — | | 組織再編により生じ
た株式の特別勘定 | 80 |

　なお，「組織再編により生じた株式の特別勘定」のその後の取扱いは，Ｐ社の保有するＳ社株式の処分方法により異なってくる。すなわち，Ｓ社株式を売却する場合には利益に振り替え，Ｓ社株式を現物配当する場合には純資産項目（配当に関する会社法上の取扱いに従い，資本剰余金または利益剰余金）を調整するといった通常の有価証券の会計処理に従うことになる（企業結合・事業分離適用指針394）。

> ポイント ┄┄
>
> 　債務超過の事業を新設分割した際は，受け取る子会社株式はゼロとして，移転事業に係る株主資本相当額（マイナスの額）は「組織再編により生じた株式の特別勘定」として計上する。
>
> ┄┄

ケース12

子会社化した直後に親会社が吸収合併した場合の会計処理

> ❗ 親会社は，個別財務諸表の作成に際して，吸収合併により受け入れた資産及び引き受けた負債を吸収合併直前の適正な帳簿価額により計上すればよいと判断してしまった。

① 設例（よくある誤り）

P社は，X1年2月28日に吸収合併することを前提にS社株式の100％を現金150で第三者から購入し完全子会社とし，X1年3月1日に同社を吸収合併存続会社，S社を吸収合併消滅会社として，X1年3月1日を合併期日として吸収合併した。この吸収合併は，P社グループ内での組織再編であることに鑑みて，無対価により実行された。

なお，P社の決算日は3月31日であり，S社を子会社化し吸収合併するまでに連結財務諸表を作成していない。

【スキーム図】

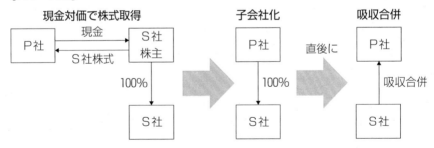

★P社の誤り

吸収合併の会計処理について，P社は個別財務諸表上，子会社化後の吸収合併であることから共通支配下の取引になると考えた。P社は子会社化した直後に吸収合併しており，S社を子会社化し吸収合併するまでに連結財務諸表を作

成していないことから，Ｓ社の資産及び負債の時価評価を行っていない。このため，P社は，Ｓ社より受け入れた資産及び引き受けた負債の価額を吸収合併直前のＳ社の個別財務諸表上の適正な帳簿価額により計上する会計処理を実施してしまった。

▶ ここに注意！ ◀ ･･

　親会社が子会社を吸収合併する場合，連結財務諸表を作成していなくても連結財務諸表上の帳簿価額による引継ぎが必要となる。

･･･

❷　解　説

　子会社株式の取得により支配を獲得した子会社について，その直後に親会社が吸収合併した場合の会計処理については，以下の2つの考え方があります。

---

① 　子会社株式の取得とその直後の吸収合併を一体の取引（企業結合会計基準 5 ）であるとして，子会社株式取得代金を取得原価とした「取得」であると判断して，パーチェス法により会計処理する方法（企業結合会計基準17，66）
② 　子会社化後の吸収合併であるため，共通支配下の取引として処理するが，子会社から受け入れた資産及び引き受けた負債については，連結財務諸表上の帳簿価額（支配獲得時点における時価評価後の帳簿価額をいい，当該子会社に対する「のれん」または「負ののれん」の額を含む）により計上する方法（企業結合会計基準（注 9 ），企業結合・事業分離適用指針207）

　P社は，上記の②のように，吸収合併を共通支配下の取引として考えており，それが子会社化直後であることから，合併までにＳ社を連結子会社とした連結財務諸表を作成していません。そこで，連結財務諸表上の帳簿価額（支配獲得時の時価評価替え後の帳簿価額）が算定されていないことから，P社の個別財務諸表において，Ｓ社から受け入れた資産及び負債をＳ社の個別財務諸表の帳

簿価額としています。

　しかしながら，共通支配下の取引と考えた場合であっても，子会社化直後に合併している場合には株式の取得と合併は一体の取引と考えられるため，連結財務諸表を作成していない場合であっても，合併期日においてS社を連結子会社化した場合の連結財務諸表上の帳簿価額により資産及び負債を引き継ぐ必要があります（企業結合・事業分離適用指針207(1)なお書き）。

　このため，いずれの考え方によっても，親会社の個別財務諸表において，子会社から受け入れた資産及び引き受けた負債は子会社の支配獲得時点における時価により計上され，子会社株式の取得原価が，当該受け入れた資産及び引き受けた負債の純額を上回る場合には，その超過額はのれんとして計上され，下回る場合には，負ののれんとして会計処理されます（企業結合会計基準28，31，企業結合・事業分離適用指針207）。

❸　設例（適正な会計処理）

　P社は，X1年2月28日にS社株式の100%を現金150で第三者から購入し完全子会社とした。

　X1年2月28日における各社の貸借対照表は以下のとおりである。

P社貸借対照表

諸資産	200	諸負債	100
S社株式	150	資本金	80
		繰越利益剰余金	170

S社貸借対照表

諸資産(※)	100	諸負債(※)	20
		資本金	80

（※）　諸資産の時価は120であり，諸負債の時価は帳簿価額と一致している。

　P社は，X1年2月28日に同社を吸収合併存続会社，S社を吸収合併消滅会社として，X1年3月1日を合併期日として吸収合併した。当該吸収合併は，P社グループ内での組織再編であることに鑑みて，無対価により実行された。

◆P社（吸収合併存続会社）の会計処理

　P社は，S社から受け入れた資産及び引き受けた負債を支配獲得時の時価により計上し，子会社株式の取得原価との差額をのれんとして計上する（企業結合会計基準17，66，（注9），企業結合・事業分離適用指針207）。

| （借） | 諸　　資　　産^(※) | 120 | （貸） | 諸　　負　　債^(※) | 20 |
| | の　　れ　　ん | 50 | | S　社　株　式 | 150 |

（※）　支配獲得時の時価。

┌──────────┐
│ ポイント │
└──────────┘ ....

　株式の取得により支配を獲得した子会社について，その直後に親会社が吸収合併した場合，親会社の個別財務諸表上，支配獲得時の時価により子会社から受け入れた資産及び引き受けた負債を計上する。

....

ケース13

逆取得となる場合の合併後の資本構成

❗ 連結財務諸表作成上は取得企業（消滅会社）が被取得企業（存続会社）をその
まま連結してしまい，取得企業である消滅会社の資本金額を連結財務諸表上の
資本金額としてしまった。

1️⃣ 設例（よくある誤り）

　X1年4月1日にA社とB社は合併した。両社はそれぞれグループ外の企業
であり，この合併においてはB社が吸収合併存続会社となったが，旧A社株主
が合併後のB社の議決権の過半数を獲得したため，取得企業はA社と判定され
た（逆取得）。なお，B社は従前より連結財務諸表を作成している。

【スキーム図】

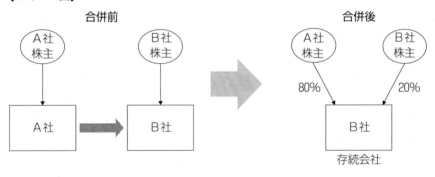

　A社及びB社の合併期日前日の個別貸借対照表は，それぞれ以下のとおりで
ある。

A社貸借対照表

諸資産	2,800	資本金	1,000
		資本剰余金	800
		利益剰余金	1,000

B社貸借対照表

諸資産	1,600	諸負債	700
土地	500	資本金	600
		利益剰余金	800

　合併に伴いB社が発行する新株の発行価額のそれぞれ2分の1を資本金と資本剰余金に組み入れた。その結果，合併後B社貸借対照表（抜粋）は以下のとおりとなった。

合併後B社貸借対照表（抜粋）

資本金[※1]		2,000
資本剰余金[※1]		2,200

（※1）　A社の受入純資産2,800がB社の払込資本となるため，その2分の1を資本金と資本剰余金にそれぞれ組み入れている。

★A社，B社の誤り

　この合併における取得企業はA社であることから，合併後のB社の連結財務諸表上において，合併仕訳（B社のA社の資産・負債の受入れ及びB社の新株発行）を取り消し，A社が親会社となりB社を資本連結する形で会計処理を行うことが経済的実態に合っていると考えた。その結果，X1年4月1日のB社連結財務諸表における資本金は1,000となり，B社の個別貸借対照表における資本金2,000と異なる結果となってしまった。

B社連結貸借対照表（抜粋）

資本金[※2]		1,000

（※2）　A社によるB社の取得に関する投資と資本の相殺仕訳を行い，取り込んだB社の資本項目を全額取り消している。

ここに注意！ ▷ ....

　逆取得に該当する合併を行う場合，連結財務諸表上の資本金は個別財務諸表上の資本と合うように資本剰余金を調整する。
....

❷　解　説

　吸収合併が逆取得となる場合，存続会社（B社）の個別財務諸表上では消滅会社（A社）の資産及び負債を合併直前の適正な帳簿価額で引き継ぐことになります。通常の取得の会計処理である場合，被取得企業の資産及び負債は時価で算定されます（企業結合会計基準23）。これを逆取得である本設例に当てはめると，被取得企業であるB社の資産及び負債を時価で算定することになるとも考えられますが，存続会社の株主資本等の変動額は直前の帳簿価額を基礎として算定するとされており（会計規35⑴③），会社法の制限により個別財務諸表においては，B社は被取得企業ではあるが存続会社である以上，その資産及び負債は時価評価されません（企業結合会計基準112参照）。また，A社は取得企業であるため，その資産及び負債は時価評価されません（企業結合会計基準113，企業結合・事業分離適用指針84）。

　一方，連結財務諸表については，このような会社法の制限は設けられていないため，経済的実態に即して消滅会社を取得企業，存続会社を被取得企業としてパーチェス法が採用されます。

　逆取得の合併において，存続会社であるB社個別財務諸表上は適正な帳簿価額により株主資本の受入処理を行う一方，連結財務諸表作成上は合併仕訳を取り消したうえで，取得企業であるA社が被取得企業B社を連結するかのように会計処理を行うため，そのまま会計処理を行うと個別財務諸表上の資本金と連結財務諸表上の資本金が異なってしまいます。

　資本金については，登記等により個別財務諸表上の資本金の増加に関する法的手続が完了していることから，連結財務諸表上においても企業結合が逆取得に該当しても存続会社であるB社の資本金の金額となるように，その差額を資本剰余金に振り替えることによって調整することとなります（企業結合・事業分離適用指針85⑶）。

　また，資本剰余金の調整の結果，資本剰余金がマイナスになる場合には，払込資本のマイナスを解消する観点から，利益剰余金への振替が求められることにも留意が必要です（自己株式等会計基準12）。

❸ 設例（適正な会計処理）

　X1年4月1日にA社とB社は合併した。両社はそれぞれグループ外の企業であり，この合併においてはB社が吸収合併存続会社となったが，取得企業はA社とされた（逆取得）。また，B社は従前より連結財務諸表を作成している。

　合併比率（A社：B社）は2：1であることから，A社株主に対して，A社株式1株につきB社株式2株を割り当てている。合併期日のA社の株価は1株当たり80であった。

　発行済株式数は，A社が100株，B社が50株であった。

　A社及びB社の合併期日前日の個別貸借対照表はそれぞれ次のとおりである。

A社貸借対照表

諸資産	2,800	資本金	1,000
		資本剰余金	800
		利益剰余金	1,000

B社貸借対照表

諸資産	1,600	諸負債	700
土地(※1)	500	資本金	600
		利益剰余金	800

（※1）　土地の時価は750である。

　新株を発行した場合の個別財務諸表上の株主資本項目の取扱いとして，原則処理（払込資本として処理する場合）と容認処理（消滅会社の資本構成をそのまま引き継ぐ場合）がある（企業結合・事業分離適用指針84(1)①）ため，以下，パターン別に説明を行う。

パターン1　払込資本として処理する場合

　本パターンにおける前提条件としては，合併契約上，新株の発行価額のうち，それぞれ2分の1を資本金と資本剰余金に組み入れることとしている（会社計算規則35条2項に基づく方法）。

(1)　個別財務諸表上のX1年4月1日の会計処理

◆B社によるA社の受入仕訳

| （借）諸　　資　　産 | 2,800 | （貸）資　　本　　金(※1) | 1,400 |
| | | 資　本　剰　余　金(※1) | 1,400 |

（※1）　合併期日の前日の適正な帳簿価額による株主資本の額2,800が，増加すべき払込資本額となる（企業結合・事業分離適用指針84(1)ア）ため，その2分の1の1,400を資本金と資本剰余金にそれぞれ組み入れる。

この結果，合併後B社の個別貸借対照表は以下のとおりとなる。

合併後B社貸借対照表

諸資産	4,400	諸負債	700
土地	500	資本金	2,000
		資本剰余金	1,400
		利益剰余金	800

(2)　連結財務諸表上のX1年4月1日の会計処理

◆B社（吸収合併存続会社）の連結財務諸表（B社を被取得企業とした連結財務諸表）上の会計処理

①　取得原価の算定

合併が逆取得となる場合の取得の対価となる財の時価は，B社株主が合併後の企業（結合後企業）に対する実際の議決権比率と同じ比率を保有するのに必要な数のA社株式を，A社が交付したものとみなして算定する（企業結合・事業分離適用指針85(1)）。

・B社株主の結合後企業に対する議決権比率：

合併前B社発行済株式数50株÷合併後B社発行済株式数（100株×2＋50株）＝20％

・この議決権比率になるように，A社が交付したとみなすA社株式の数（X株）

$X \div (X + 100株) = 20\%$

$X = 25株$

・取得原価：25株×A社の合併期日株価80＝2,000

② 取得原価の配分額：企業結合日におけるB社資産及び負債の時価1,650

③ のれん：取得原価2,000－取得原価の配分額1,650＝350

　のれんは，取得原価2,000から，会計上の被取得企業であるB社から受け入れた資産及び引き受けた負債の正味の時価1,650を差し引いて算定する（企業結合・事業分離適用指針85(2)）。

（借）	諸　　資　　産	1,600	（貸）	諸　　負　　債	700
	土　　　　　地(※3)	750		払　込　資　本(※2)	2,000
	の　　れ　　ん(※4)	350			

（※2）　上記①参照。勘定科目は便宜的に設定しているものである。
（※3）　時価により受入れ。
（※4）　上述の③参照。

④ 払込資本を適切な資本項目に組み替える。

（借）	払　込　資　本	2,000	（貸）	資　　本　　金(※5)	1,000
				資　本　剰　余　金(※5)	1,000

（※5）　資本金額は，合併存続会社B社の資本金2,000（合併後貸借対照表を参照）であるため，資本金への振替額を2,000－1,000（A社の資本金額）＝1,000とし，株式の発行価額2,000との差額を資本剰余金に計上する（企業結合・事業分離適用指針85(3)）。

　この結果，合併後B社の連結貸借対照表は以下のとおりとなる。

B社連結貸借対照表

諸資産	4,400	諸負債	700
土地	750	資本金(※6)	2,000
のれん	350	資本剰余金(※7)	1,800
		利益剰余金	1,000

（※6）　取得企業A社の資本金1,000＋払込資本の組替額1,000
（※7）　取得企業A社の資本剰余金800＋払込資本の組替額1,000

パターン2　消滅会社の資本構成をそのまま引き継ぐ場合

　本パターンにおける前提条件としては，合併契約上，消滅会社の資本金，資本剰余金及び利益剰余金の額をそれぞれ存続会社の資本金，資本剰余金及び利益剰余金の変動額としている（会社計算規則36条1項に基づく方法）。

(1) 個別財務諸表上のX1年4月1日の会計処理

◆B社によるA社の受入仕訳

(借) 諸 資 産	2,800	(貸) 資 本 金	1,000
		資 本 剰 余 金	800
		利 益 剰 余 金	1,000

X1年3月31日現在の貸借対照表に基づき，そのままの金額で受け入れる。

この結果，合併後B社の個別貸借対照表は以下のとおりとなる。

合併後B社貸借対照表

諸資産	4,400	諸負債	700
土地	500	資本金	1,600
		資本剰余金	800
		利益剰余金	1,800

(2) 連結財務諸表上のX1年4月1日の会計処理

◆B社（吸収合併存続会社）の連結財務諸表（B社を被取得企業とした連結財務諸表）上の会計処理

① 取得原価の算定

合併が逆取得となる場合の取得の対価となる財の時価は，B社株主が合併後の企業（結合後企業）に対する実際の議決権比率と同じ比率を保有するのに必要な数のA社株式を，A社が交付したものとみなして算定する（企業結合・事業分離適用指針85(1)）。

- B社株主の結合後企業に対する議決権比率：
  合併前B社発行済株式数50株÷合併後B社発行済株式数（100株×2＋50株）＝20％
- この議決権比率になるように，A社が交付したとみなすA社株式の数（X株）
  $X \div (X + 100株) = 20\%$
  $X = 25株$
- 取得原価：25株×A社の合併期日株価80＝2,000

② 取得原価の配分額：企業結合日におけるB社資産及び負債の時価1,650

③ のれん：取得原価2,000－取得原価の配分額1,650＝350

　のれんは，取得原価2,000から，会計上の被取得企業であるB社から受け入れた資産及び引き受けた負債の正味の時価1,650を差し引いて算定する（企業結合・事業分離適用指針85(2)）。

（借）	諸　　資　　産	1,600	（貸）	諸　　負　　債	700
	土　　　　地(※9)	750		払　込　資　本(※8)	2,000
	の　れ　ん(※10)	350			

（※8）　上記①参照。勘定科目は便宜的に設定しているものである。
（※9）　時価により受入れ。
（※10）　上述の③参照。

④　払込資本を適切な資本項目に組み替える。

| （借） | 払　込　資　本 | 2,000 | （貸） | 資　　本　　金(※11) | 600 |
| | | | | 資　本　剰　余　金(※11) | 1,400 |

（※11）　資本金額は，合併存続会社B社の資本金1,600（合併後）であるため，資本金への振替額を1,600－1,000（A社の資本金額）＝600とし，株式の発行価額2,000との差額を資本剰余金に計上する（企業結合・事業分離適用指針85(3)）。

　この結果，合併後B社の連結貸借対照表は以下のとおりとなる。

合併後B社連結貸借対照表

諸資産	4,400	諸負債	700
土地	750	資本金(※12)	1,600
のれん	350	資本剰余金(※13)	2,200
		利益剰余金	1,000

（※12）　取得企業A社の資本金1,000＋払込資本の組替額600
（※13）　取得企業A社の資本剰余金800＋払込資本の組替額1,400

　このように，個別上の合併時の新株発行に係る資本組入を通じて，両パターンの連結財務諸表間において，資本金と資本剰余金の金額が異なってくる。そのため，例えばパターン1にて資本組入額を株式の発行価額の全額に設定すると，合併後のB社個別上の資本金が3,400（＝600＋2,800）となるが，連結上は取得企業であるA社の資本金が1,000であるため，連結上の資本金2,400を調整

する必要がある。この際，株式の発行価額は2,000であり，連結上の資本金の調整額2,400より小さいため，その差額400は，資本剰余金のマイナス調整となる。仮に，A社の資本剰余金が400未満である場合，資本剰余金のマイナス分は利益剰余金から補填されることになり，貸借対照表の表示に影響が及ぶため，資本組入額の設定に留意が必要である。

| (借) | 払 込 資 本 | 2,000 | (貸) | 資 本 金 | 2,400 |
| | 資 本 剰 余 金 | 400 | | | |

ポイント

個別財務諸表上の資本金は会社法の制限を受けるため，それにより連結財務諸表上の資本構成にも影響がある。

ケース14

グループ内再編 ── 過去にグループ内取引で発生した未実現利益の会計処理

! P社がS社を吸収合併する際，S社の資産及び負債を個別財務諸表上の帳簿価額で取り込んでしまった。

❶ 設例（よくある誤り）

　P社は，X1年3月31日に1,200を出資し，子会社S社（持分比率60%）を共同設立した。なお，X1年度にP社は簿価1,000の土地をS社に1,700で売却し，売却益700を計上している。P社は，X2年4月1日に自社を吸収合併存続会社としてS社を合併した。S社の発行済株式数は100株であり，合併比率は1：1である。P社は，S社の非支配株主にP社株式40株（合併期日の時価1,000）を発行した。P社は，新株発行に伴って増加すべき株主資本の全額を資本金とした。X2年3月期のS社の当期純利益は100であった。

【スキーム図】

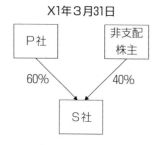

★P社の誤り

　P社は，S社との取引は共通支配下の取引に当たり，親会社が子会社から受け入れる資産及び負債は，合併期日の前日に付された適正な帳簿価額により計上する（企業結合・事業分離適用指針206(1)）と考えた。そこで，P社は，吸

収合併によりS社から移転する資産・負債の金額について，すべてS社の個別財務諸表の金額としてしまい，P社から取得したS社が保有する土地についても未実現利益消去前の金額で受け入れてしまった。

ここに注意！

親会社が子会社を吸収合併する場合，親会社が受け入れる子会社の資産及び負債は連結財務諸表上の適正な帳簿価額となる。

❷ 解　説

親会社と子会社が合併する場合，親会社の個別財務諸表では，原則として，子会社の適正な帳簿価額により資産及び負債を受け入れます（企業結合・事業分離適用指針206(1)）。

しかしながら，親会社が作成する連結財務諸表において，子会社の資産及び負債を修正しているときは，親会社が受け入れる子会社の資産及び負債の金額は，連結財務諸表の金額である修正された後の帳簿価額（のれんを含む）により計上することとされています（企業結合会計基準（注9））。

そのため，親会社の連結財務諸表上，子会社の資産及び負債に含まれる未実現損益（親会社の個別財務諸表上，損益に計上された額に限る）が消去されている場合，親会社は未実現損益消去後の金額で子会社の資産及び負債を受け入れることになり，この未実現損益相当額は親会社の個別財務諸表上，特別損益として計上されます（企業結合・事業分離適用指針207(2)）。

本設例では，S社の保有する土地1,700にはP社がS社に売却した際に計上した利益700が含まれており，連結財務諸表上，土地に含まれる未実現利益700は消去されています。そこで，P社がS社を合併する際に連結財務諸表上の適正な帳簿価額を受け入れるために，土地に含まれる未実現利益700を消去する必要があります。

❸ 設例（適正な会計処理）

合併期日前日（X2年3月31日）の各社の貸借対照表は次のとおりである。

P社貸借対照表

諸資産	5,800	諸負債	3,100
S社株式	1,200	資本金	1,000
		資本剰余金	500
		利益剰余金	2,400

S社貸借対照表

諸資産	1,800	諸負債	1,400
土地	1,700	資本金	2,000
		利益剰余金	100

◆P社の個別財務諸表上の会計処理（P社持分）

（借）　諸　資　産(60%)	1,080	（貸）　諸　負　債(60%)	840
土　　　地(60%)	1,020	Ｓ　社　株　式	1,200
		抱合せ株式消滅差益[※1]	60

（※1）　S社の当期純利益100×60%（P社持分）＝60

◆P社の個別財務諸表上の会計処理（非支配株主からの取得分）

（借）　諸　資　産(40%)	720	（貸）　諸　負　債(40%)	560
土　　　地(40%)	680	資　　本　　金[※2]	1,000
資　本　剰　余　金[※3]	160		

（※2）　P社がS社の非支配株主に発行したP社株式40株の時価1,000
（※3）　貸借差額。

◆土地に係る未実現利益の修正

　P社から受け入れたS社の土地には700の未実現利益が含まれており，連結財務諸表上の適正な帳簿価額で土地を受け入れるため，この未実現利益を消去する。P社の個別財務諸表上，未実現利益消去に伴う差額は，特別損益に計上する。

（借）　土地売却益修正損	700	（貸）　土　　　地	700

合併直後の貸借対照表

諸資産	7,600	諸負債	4,500
土地	1,000	資本金	2,000
		資本剰余金	340
		利益剰余金	1,760

ポイント ....

　未実現損益に関する修正事項は，親会社が子会社に売却した資産が当該子会社を吸収合併することにより，再び親会社に戻ってくることに伴う修正であるため，親会社の個別財務諸表上，損益に計上された額に限定されている。

....

被合併会社の企業結合直前の決算における繰延税金資産の回収可能性の判断

！翌期，合併を予定していることから，合併後における課税所得見込みをもとに
繰延税金資産の回収可能性を判断してしまった。

❶ 設例（よくある誤り）

　P社は，X1年4月1日に唯一の連結子会社であるS社を吸収合併する予定
である。P社は，X1年3月期決算における繰延税金資産の回収可能性を検討
している。

★P社の誤り

　P社は，個別財務諸表上では単独の課税所得をもとに繰延税金資産の回収可
能性を判断したが，連結財務諸表上では，繰延税金資産の回収可能性の判断に
おいて将来年度の課税所得等をもとに決定することから，S社を吸収合併する
ことを前提に判断すると考え，P社とS社を合算した将来の課税所得を基に繰
延税金資産の回収可能性を判断してしまった。

> **ここに注意！** ┄┄┄┄┄┄┄┄┄┄┄┄┄┄┄┄┄┄┄┄┄┄┄┄┄┄┄┄┄┄┄┄┄┄┄┄┄
>
> 　繰延税金資産の回収可能性の判断において，企業結合が見込まれている状況にお
> いても，企業結合による影響を考慮せずに課税所得を見積る必要がある。
>
> ┄┄┄

❷ 解　説

　合併直前の決算（X1年3月期）における連結財務諸表は，合併を前提とせ
ずに繰延税金資産の回収可能性を判断したP社及びS社の個別財務諸表に基づ
き作成することとなり，連結財務諸表作成において個別財務諸表上の判断は見
直されず，合算した将来年度の課税所得をもとに繰延税金資産の回収可能性の

判断をすることはないと考えられます。

　これは，連結財務諸表は，企業集団に属する親会社及び子会社が一般に公正妥当と認められる企業会計の基準に準拠して作成した個別財務諸表を基礎として作成すること（連結会計基準10），繰延税金資産の回収可能性の判断は納税主体ごとに行うこととされていることを踏まえると（税効果適用指針8(3)），納税主体ごとの個別財務諸表における繰延税金資産の回収可能性の判断が連結財務諸表において見直されることは想定されていないと考えられるからです。

　また，繰延税金資産の回収可能性について，企業結合による影響は企業結合年度から反映させること（企業結合・事業分離適用指針75）とされていることからも，合併直前期においては合併による影響を反映させずに，合併の効果として合併後に計上するのが妥当であると考えられます。

❸　設例（適正な会計処理）

　P社は，X1年4月1日に唯一の連結子会社であるS社を吸収合併する予定である。P社は，以下の状況においてX1年3月期決算における繰延税金資産の回収可能性を検討している。

	P社	S社
繰延税金資産の回収可能性に関する企業の分類	（分類4）	（分類4）
将来減算一時差異残高	3,000	5,000
将来減算一時差異残高のうち，X2年3月期に解消が見込まれる金額	1,000	1,500
翌期の一時差異等加減算前課税所得	900(※)	1,000
翌期の一時差異等加減算前課税所得（合併後）	1,900	
法定実効税率	30%	

（※）　合併によるシナジー効果100が含まれている。

◆個別財務諸表

　X1年3月期のP社決算における繰延税金資産の回収可能性については，（分類4）であることから，翌期の一時差異等加減算前課税所得の見積額に基づき

算定する（繰延税金資産回収可能性適用指針27）。X2年3月期の将来減算一時差異解消見込額1,000のうち，課税所得見積額900から合併によるシナジー効果100を控除した800について回収可能と判断して，240（＝800×30%）の繰延税金資産を計上することとなる。

◆連結財務諸表

　合併をすることが予定されていても，合併後の翌期の課税所得1,900を用いて繰延税金資産の回収可能性を判断することはできない。

　P社とS社の繰延税金資産の回収可能性をそれぞれ検討した結果を合算することとなる。

　P社の回収可能な繰延税金資産は上述のとおり240であり，S社についてはX2年3月期の将来減算一時差異解消見込額1,500のうち，課税所得見積額1,000について回収可能と判断して，300（＝1,000×30%）となり，両社の合算で540の繰延税金資産を計上することとなる。

ポイント ....

　繰延税金資産の回収可能性の判断において，将来の事業計画が企業結合を前提としたものとなっていた場合，会計実務上，企業結合による影響を合理的に排除するなどの調整が必要となる。

....

ケース16

親会社が子会社を吸収合併 —— 子会社が保有する
持分法適用関連会社株式の適正な帳簿価額

! 連結上の持分法評価額で受け入れてしまった。

❶ 設例（よくある誤り）

　P社は，X1年3月31日にS社の株式80％を取得し，X2年4月1日にS社を吸収合併した。

　S社は，X1年3月31日以前よりA社の株式の30％を保有しており，S社の個別財務諸表においてA社株式の価額は100であった。なお，P社のS社支配獲得時（X1年3月31日）におけるA社株式の時価評価額は110であった。P社は，S社吸収合併後においてもA社株式を持分法適用関連会社株式として保有しており，X2年3月31日のP社及びS社の連結財務諸表上のA社株式の持分法評価額は130であった。

★P社の誤り

　P社は，S社を吸収合併するにあたり，共通支配下の取引であると考えた。共通支配下の取引では，移転する資産・負債を原則として適正な帳簿価額で計上することとされており，合併前のP社連結財務諸表と合併後のP社個別財務諸表は同じになると考えてA社株式についても連結上の持分法評価額130で受け入れてしまった。

【スキーム図】

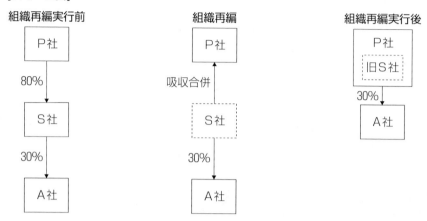

組織再編実行前　　　　　　　組織再編　　　　　　　組織再編実行後

P社 ──80%──→ S社 ──30%──→ A社

P社 ←──吸収合併── S社 ──30%──→ A社

P社（旧S社） ──30%──→ A社

> **ここに注意！**
>
> 　親会社が子会社を吸収合併により受け入れる際の子会社の保有する持分法適用関連会社株式の評価額は，必ずしも親会社連結財務諸表上の持分法評価額とはならない。

❷　解説・適正な会計処理

　本設例は，親会社と子会社との間における合併のため，共通支配下の取引に該当します。共通支配下の取引により企業集団内を移転する資産及び負債は，原則として，移転直前に付されていた適正な帳簿価額により計上します（企業結合会計基準41）が，連結上，子会社の資産及び負債の帳簿価額を修正しているときは，親会社が作成する個別財務諸表においては，連結財務諸表上の金額である修正後の帳簿価額（のれんを含む）により計上することになります（同（注9））。

　ここで，親会社が子会社を合併する場合における「連結上，子会社の資産及び負債の帳簿価額を修正している」ときの具体例として，以下の項目が挙げられています（企業結合・事業分離適用指針207）。

```
(1)　連結精算表上のみの修正事項
　　• 資本連結にあたり実施される子会社の資産及び負債の時価評価の修正
　　• 子会社株式の取得に係るのれん
(2)　未実現損益に関する修正事項
　　• 子会社の移転資産・負債に含まれる未実現損益（親会社が計上した額
　　　に限る）
```

　この定めに基づくと，取得時に時価にて計上された子会社の資産・負債が親会社に移転する場合，当該修正を行ったうえで親会社の個別財務諸表に計上されます。また，子会社の取得にあたって発生したのれんがある場合，このれんの未償却残高を引き継ぐことになります。さらに，移転する資産・負債において過去に計上された未実現損益が含まれているときは，この未実現損益を消去したうえで資産・負債が移転されます。

　ただし，企業集団内における組織再編であっても，すべてが企業集団内における取引となるとは限らないため留意が必要です。例えば，親会社（吸収合併存続会社）と子会社（吸収合併消滅会社）との合併において，親会社が子会社の資産及び負債を受け入れることは企業集団内における内部取引となりますが，その内部取引によって親会社が合併の対価として交付する株式の交付先は子会社の株主（非支配株主）となり，共通支配下の取引と非支配株主との取引との区別は必ずしも明確ではありません。

　したがって，企業集団内における組織再編のうち，どの取引について非支配株主との取引に準じた会計処理を適用するのかが主要な論点となりますが，組織再編の形式が異なっていても，組織再編後の経済的実態が同じであれば，連結財務諸表上（合併の場合には個別財務諸表上）も同じ結果が得られるように会計処理することとされています（企業結合・事業分離適用指針437）。

　なお，修正対象となる未実現損益については，親会社が子会社に対して行った資産等の処分により，親会社の個別財務諸表上，損益に計上したものに限定されています。すなわち，親会社（吸収合併存続会社）から子会社に資産を売却し，さらにこの子会社がこれを他の子会社（吸収合併消滅会社）に売却した

後に親会社が他の子会社を吸収合併した場合には，修正対象となる未実現損益は，親会社が子会社に資産を売却したことによる損益のみとなり，子会社が他の子会社へ資産を売却したことによる損益は，修正の対象とはなりません（企業結合・事業分離適用指針439(1)）。

　企業結合会計基準及び事業分離等会計基準に関する適用指針第207項の具体例で明示されている修正には，持分法適用関連会社の取得後利益剰余金の修正は含まれていないため，持分法評価額で計上することにはならないと考えられます。たしかに，S社はA社を持分法適用関連会社としているため，A社に係る取得後利益剰余金持分額とA社に係るのれん償却額（または負ののれん発生益）について，P社及びS社の連結財務諸表作成上，A社株式の帳簿価額は修正されています。

　しかしながら，P社は，S社を吸収合併することでA社株式を取得することになりますが，A社自体を吸収合併するわけではないため，A社の事業を受け入れているわけではありません。

　そのため，取得後のA社の事業活動によって生じた利益剰余金持分額（持分法による投資損益）をP社及びS社の連結財務諸表作成上，A社株式の帳簿価額を調整していたとしても，それはP社の個別財務諸表において修正が必要な項目ではないと考えられます。

　すなわち，合併後のP社の個別財務諸表におけるS社が保有していたA社株式の価額は「資本連結にあたり実施される子会社の資産及び負債の時価評価の修正」を行った結果である110で計上されることになります。

	S社個別財務諸表上の簿価	支配獲得時の時価	持分法評価額
	100	110	130
本設例において採用されるA社株式の価額	×	○	×

　P社がS社を設立した場合や，A社株式がP社からS社に売却したものでない場合は，上記(1)(2)の項目には該当しないため，S社の個別財務諸表上のA社

138

株式の価額が適正な帳簿価額となります。本設例では，Ｐ社のＳ社買収時に，Ｓ社がＡ社株式を保有しているため，上記(1)に該当し，Ｐ社のＳ社買収時におけるＡ社株式の時価が適正な帳簿価額になります。

　Ｐ社がＳ社に対する投資を通じてＡ社株式を保有していたと考える場合には，Ｓ社株式がＡ社株式に引き換えられたものとみなす考え方があります。例えば，Ｐ社がＳ社に対して行った投資の金額で，Ａ社株式が間接投資されている場合が考えられます。

　しかし，Ｓ社が外部からの借入でＡ社に対する投資を行っていた場合等，Ｐ社のＳ社に対する投資でＡ社に対する投資が行われているとは限らない場合もあり，このような場合には，Ｓ社の個別財務諸表上のＡ社株式の金額に上記(1)(2)の修正を行って適正な帳簿価額で受け入れるほうが経済的実態を反映した会計処理の結果になると考えられます。

ポイント

　子会社が保有する関連会社株式について，形式的に子会社を通しているにすぎず，実質的には親会社が保有していたという投資の継続性がある場合を除き，親会社が子会社を吸収合併する場合において，取得後の利益剰余金持分額は関連会社株式の帳簿価額の修正対象外である。

グループ外企業との合併における被合併会社の保有する非上場株式の評価

! 市場価格が存在しないため，被合併会社における適正な帳簿価額で引き継いでしまった。

❶ 設例（よくある誤り）

　X1年4月1日にP社はグループ外部のS社を吸収合併した。本件合併は，P社によるS社の取得（企業結合会計基準8）と判断されたため，受け入れた資産及び引き受けた負債のうち識別可能なものを時価評価する（企業結合会計基準28）。

　S社では，非上場会社であるA社株式を有しており，原価法により評価している（簿価100）。

★P社の誤り

　P社は，取得に当たる吸収合併の会計処理にあたり，A社株式の時価評価について，時価を把握することが極めて困難であることを理由に，時価評価を行わず，被合併会社における適正な帳簿価額により評価してしまった。

【スキーム図】

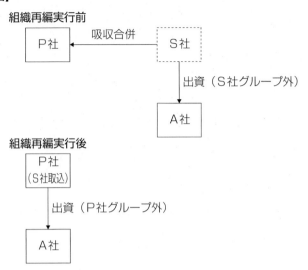

組織再編実行前

P社 ─ 吸収合併 ─ S社

出資（S社グループ外）

A社

組織再編実行後

P社
(S社取込)

出資（P社グループ外）

A社

ここに注意！……………………………………………………………………………

　取得による企業結合がなされた場合において，受け入れる被合併会社が保有する非上場株式の評価額は，被合併会社の帳簿価額とはならない。

……………………………………………………………………………………………………

❷　解説・適正な会計処理

　本設例は，グループ外の会社との合併のため，取得（企業結合会計基準8）に該当します。取得により受け入れた資産及び引き受けた負債のうち，企業結合日時点において識別可能なもの（識別可能資産及び負債）は，原則として，企業結合日における時価により計上します（企業結合会計基準28）。

　識別可能資産及び負債の時価評価にあたっては，観察可能な市場価格に基づく価額，観察可能な市場価格がない場合には合理的に算定された価額とされており，合理的に算定された価額は，一般的にはコスト・アプローチ，マーケット・アプローチ，インカム・アプローチなどの見積方法を資産の特性に応じて併用または選択して算定されます（企業結合・事業分離適用指針53）。

金融商品については，会計基準における時価等の算定方法が利用されるとされており（企業結合・事業分離適用指針53なお書き），非上場株式は金融商品であることから，「時価の算定に関する会計基準」等に基づき時価を算定すると考えられます。この基準においては，時価の算定に用いるインプット（仮定）のレベルに関する概念を取り入れ，たとえ観察可能なインプットを入手できない場合であっても，入手できる最良の情報に基づく観察できないインプットを用いて時価を算定することとしています。このような時価の考え方の下では，時価を把握することが極めて困難と認められる有価証券は想定されません（金融商品会計基準81-2）。

　一方で，市場価格のない株式等に関しては，たとえ何らかの方法により価額の算定が可能としても，それを時価とはしないとする従来の考え方を踏襲し，引き続き取得原価をもって貸借対照表価額とする取扱いとなります（金融商品会計基準81-2，時価算定会計基準28）。

　そのため，S社が保有する非上場株式について，取得原価の配分額においても時価評価せず帳簿価額のままになると誤解されますが，上述の取扱いは，期末における株式等の評価を前提とした規定であり，企業結合における取引価額の測定にあたっては，企業結合日における時価を用いることが合理的である（企業結合・事業分離適用指針356）と考えられます。

　したがって，取得原価の配分額の算定にあたって，非上場株式の時価は，例えば，マーケット・アプローチ，インカム・アプローチ，コスト・アプローチにより算定されることとなり（時価算定適用指針5），算定時に十分なデータを利用できる場合においては，マーケット・アプローチやインカム・アプローチを用います（時価算定会計基準8）。

ポイント

被合併会社の保有する非上場株式についても時価評価の対象となる。

ケース18

子会社が兄弟会社の子会社（孫会社）を無対価合併した場合の会計処理

! 中間子会社は，子会社と孫会社の無対価合併において，子会社同士の場合と同様に損失が発生することはないと判断してしまった。

❶ 設例（よくある誤り）

　P社は，X1年3月31日にS1社株式及びS2社株式をそれぞれ100%保有し，いずれも完全子会社としている。また，S2社は，A社株式の100%を保有し，完全子会社としている。なお，P社，S1社，S2社，A社の決算日はいずれも3月31日である。

　S1社は，X1年4月1日に同日を合併期日，S1社を吸収合併存続会社，A社を吸収合併消滅会社として吸収合併を実行した。この合併は，P社グループ内での組織再編であることに鑑みて，無対価により実行された。

【スキーム図】

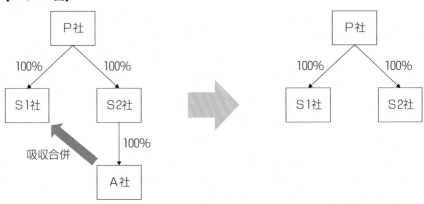

★S2社の誤り

　中間子会社であるS2社は，個別財務諸表の作成において，子会社同士の無対価合併が行われた場合の親会社の個別財務諸表における処理と同様に，損益

が生じないと考えた。このため，S2社は，A社株式の消滅について，S1社に対する現物配当ととらえ，その他利益剰余金から減額する会計処理を実施してしまった。

❷ 解 説

　ある子会社が他の子会社と無対価吸収合併した場合，被結合企業の株主である親会社は，吸収合併消滅会社である子会社の株式の帳簿価額を，吸収合併存続会社である子会社の株式の帳簿価額に加算する処理（企業結合・事業分離適用指針203-2(1)）を行うため，損益は生じません。

　これと同様に，子会社が兄弟会社の子会社（孫会社）を無対価合併する場合には，被結合企業の株主（中間子会社）に損益が生じないと誤解されることがあります。具体的には，子会社が孫会社を無対価吸収合併した場合において，中間子会社は，保有していた子会社株式を無対価により企業集団内の企業に移すことになるため，企業集団内への現物配当として会計処理するべきであると

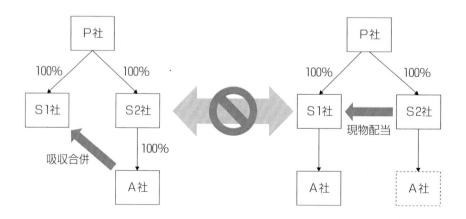

誤解されることがあります。

　企業集団内の企業へ現物配当する場合には，配当の効力発生日における配当財産の適正な帳簿価額をもって，その他資本剰余金またはその他利益剰余金を減額するとされ（自己株式等適用指針10(3)），現物配当を実施する企業において損益が発生することはありません。

　しかしながら，会社法454条1項等の規定に基づき，配当財産の種類や帳簿価額などについて株主総会の決議を経て実施される現物配当と企業集団内での無対価吸収合併は異なる取引であり，企業集団内の無対価吸収合併に対して現物配当の処理を適用することはできないと考えられます。

　したがって，被結合企業の株主であるS2社は，S1社によるA社の吸収合併により，保有していたA社株式が無対価によりS1社に移ることから，この株式の帳簿価額の全額を損失処理することになると考えられます。

❸ 設例（適正な会計処理）

　P社は，X1年3月31日にS1社株式及びS2社株式をそれぞれ100％保有し，いずれも完全子会社としている。また，S2社は，A社株式の100％を保有し，完全子会社としている。なお，P社，S1社，S2社，A社の決算日はいずれも3月31日である。

　X1年3月31日における各社の貸借対照表は以下のとおりである。

S1社貸借対照表

諸資産	100	諸負債	20
		純資産	80

S2社貸借対照表

諸資産	50	諸負債	25
A社株式	30	純資産	55

A社貸借対照表

諸資産	40	諸負債	15
		純資産	25

X1年4月1日に，S1社は，同日を合併期日，S1社を吸収合併存続会社，A社を吸収合併消滅会社とする吸収合併を行った。当該合併は，P社グループ内での組織再編であることに鑑みて，無対価により実行された。

◆S2社（被結合企業の株主）の会計処理

本吸収合併は，共通支配下の取引（結合当事企業（または事業）のすべてが，企業結合の前後で同一の株主により最終的に支配され，かつ，その支配が一時的ではない場合の企業結合）に該当します。仮に，合併の対価が現金等の財産の場合には，被結合企業の株主であるS2社は，対価を移転前に付された適正な帳簿価額により計上し，引き換えられた吸収合併消滅会社株式の企業結合日直前の適正な帳簿価額との差額を交換損益として認識することになります（事業分離等会計基準35）。しかしながら，本吸収合併は無対価であるため，受取対価として計上すべきものはありません。したがって，被結合企業の株主であるS2社は，引き換えられた吸収合併消滅会社株式の企業結合日直前の適正な帳簿価額について交換損失として計上することになると考えられます。

（借）交 換 損 失	30	（貸）A 社 株 式	30

◆S1社（結合当事企業）の会計処理

本吸収合併は共通支配下の取引に該当するため，S1社は，A社から受け入れた資産及び負債について，合併期日の前日に付されていた適正な帳簿価額により計上します。また，S1社は，A社の合併期日の前日における資本金，資本準備金，その他資本剰余金，利益準備金及びその他利益剰余金の内訳科目をそのまま引き継ぎます（企業結合・事業分離適用指針203-2(1)，185(1)②参照）。

（借）諸 資 産	40	（貸）諸 負 債	15
		純 資 産^(※)	25

（※）　A社にて計上されていた内訳科目をそのまま引き継ぐ。

> ┌─────────┐
> │ ポイント ├┄┄┄┄┄┄┄┄┄┄┄┄┄┄┄┄┄┄┄┄┄┄┄┄
> └─────────┘
>
> グループ内の合併であっても，必ずしも損益が発生しない取引となるとは限らない。

ケース19

子会社が孫会社の吸収合併に際して，孫会社の外部株主に対して新株を発行した場合の会計処理

> **!** 子会社は，個別財務諸表の作成に際して，外部株主に対する新株の発行について，当該新株の時価に基づき会計処理を実施してしまった。

❶ 設例（よくある誤り）

　P社の100%子会社であるS1社は，X1年3月31日においてA社の株式の80%を保有し，A社を子会社としていた。

　S1社は，X1年4月1日に同社を吸収合併存続会社，A社を吸収合併消滅会社として，X1年4月1日を合併期日として吸収合併した。この吸収合併は，S1社の新株を対価として実行された。

【スキーム図】

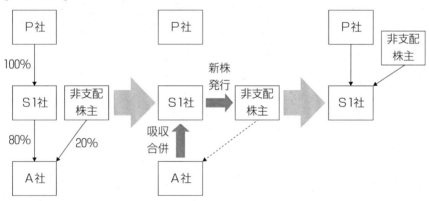

★S1社の誤り

　S1社は，個別財務諸表の作成において，子会社であるA社の吸収合併は共通支配下の取引に該当し，このA社の外部株主との取引は非支配株主との取引に該当すると考えた。このため，S1社は，企業結合・事業分離適用指針206項(2)イの非支配株主持分相当額の会計処理を適用し，吸収合併に際して，A社の

147

外部株主に対して発行した新株について，その<u>時価により払込資本を増加させ</u><u>る会計処理を実施してしまった</u>。

❷　解　説

　非支配株主から子会社株式を追加取得した場合には，非支配株主との取引として，個別財務諸表上，追加取得した子会社株式の取得原価は，追加取得時における当該株式の時価とその対価となる財の時価のうち，より高い信頼性をもって測定可能な時価で算定することになります（企業結合会計基準45）。

　しかしながら，非支配株主との取引の個別財務諸表上の会計処理は，企業集団の最上位に位置する会社（以下「最上位の親会社」という）が非支配株主から子会社株式を追加取得する取引等に適用され，最上位の親会社以外の親会社が非支配株主から子会社株式を追加取得する取引等には，異なる会計処理が適用されます（企業結合・事業分離適用指針200）。

　このため，子会社（S1社）が孫会社（A社）と合併した場合（子会社が吸収合併存続会社となる場合），子会社（S1社）は最上位の親会社ではないため，企業結合・事業分離適用指針206項(2)イの非支配株主持分相当額の会計処理を適用することはできません。そこで，子会社の個別財務諸表上，孫会社から受け入れた資産と負債の差額のうち株主資本の額に合併期日の前日の非支配株主持分比率を乗じて算定した額を払込資本（資本金または資本剰余金）として処理し，増加すべき払込資本の内訳項目（資本金，資本準備金またはその他資本剰余金）は，会社法の規定に基づき決定します（企業結合・事業分離適用指針206(3)(4)）。

❸　設例（適正な会計処理）

　P社の100％子会社であるS1社はX1年3月31日において，A社の株式の80％

を保有し，A社を子会社としていた。

X1年3月31日における各社の貸借対照表は以下のとおりである。

S1社貸借対照表

諸資産	30	諸負債	10
A社株式	100	資本金	75
		繰越利益剰余金	45

A社貸借対照表

| 諸資産(※) | 120 | 資本金 | 120 |

（※）　諸資産の時価と簿価は一致している。また，S1社がA社を子会社化した時点においても諸資産の時価と簿価は一致していた。

S1社は，X1年4月1日に同社を吸収合併存続会社，A社を吸収合併消滅会社として，X1年4月1日を合併期日として吸収合併した。なお，S1社は，合併による増加すべき株主資本の全額をその他資本剰余金とした。

◆S1社（吸収合併存続会社）の会計処理

S1社は，A社から受け入れた資産及び引き受けた負債を合併直前の適正な帳簿価額（連結財務諸表上の金額である修正後の帳簿価額（のれん含む））により計上し，このうち，親会社持分相当額と子会社株式の取得原価との差額を抱合せ株式消滅差損として計上する。また，非支配株主持分相当額については，払込資本として処理する（企業結合・事業分離適用指針206(4)）。

| (借) | 諸資産(80%部分) | 96 | (貸) | A　社　株　式 | 100 |
| | 抱合せ株式消滅差損 | 4 | | | |

| (借) | 諸資産(20%部分) | 24 | (貸) | 払　込　資　本 | 24 |

ポイント

子会社が孫会社を合併した場合，子会社の個別財務諸表上，孫会社の非支配株主へ発行した新株については，孫会社から受け入れた資産と負債の差額のうち株主資本の額に合併期日の前日の非支配株主持分比率を乗じて算定した額を払込資本（資本金または資本剰余金）として処理する。

財政状態が良好な子会社と財政状態が劣悪な子会社のいずれも吸収合併した親会社の会計処理

> ! 親会社は、財政状態が良好な子会社と財政状態が劣悪な子会社とをまず吸収合併して、その後に、この吸収合併後の子会社を吸収合併することにより、財政状態が劣悪な子会社の株式に係る抱合せ株式消滅差損を計上しないことができ、経営成績上、有利であると判断してしまった。

❶ 設例（よくある誤解）

P社は、X1年3月31日に財政状態が良好であるS1社の株式の100％を保有し、S1社を連結子会社とするとともに、財政状態が劣悪であるS2社の株式の100％を保有し、S2社を連結子会社としていた。

P社・S1社・S2社の3社は、X1年4月1日に最終的にP社を存続会社として統合することを意思決定した。

★P社の誤解

財政状態が劣悪であるS2社をP社が合併すると抱合せ株式消滅差損が生じてしまうと考え、まずは、財政状態が良好であるS1社がS2社を合併し、合併後のS1社をP社が吸収合併することにした。具体的には、S1社が、同社を吸収合併存続会社、S2社を吸収合併消滅会社として、X1年4月1日を合併期日

【スキーム図】

子会社同士が合併した後に親会社が合併する場合

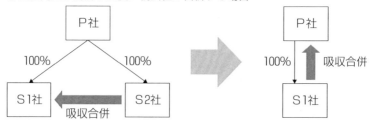

子会社をそれぞれ合併する場合

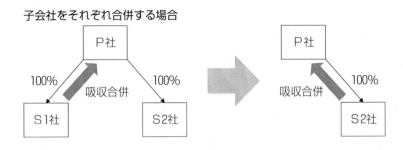

として吸収合併した。その後，P社は，同社を吸収合併存続会社，S1社を吸収合併消滅会社として，X1年4月2日を合併期日として吸収合併した。この順序で合併することにより，親会社は，財政状態が劣悪であるS2社に係る抱合せ株式消滅差損を計上せずに，財政状態が良好なS1社に係る抱合せ株式消滅差益のみを計上でき，S1社とS2社とをそれぞれ合併した場合と比較して経営成績上，有利になると考えてしまった。

ここに注意！ ....

親会社が財政状態が良好であるS1社と財政状態が劣悪であるS2社のいずれも吸収合併する場合，先にS1社とS2社が合併した後に親会社が合併するケースと，S1社とS2社とをそれぞれ親会社が合併するケースとで，親会社の個別財務諸表上，経営成績及び財政状態に対する影響に相違はない。

....

❷ 解 説

共通支配下の取引により子会社が法律上消滅する場合には，親会社の個別財務諸表上，この子会社に係る子会社株式（抱合せ株式）の適正な帳簿価額とこれに対応する増加資本との差額は，損益として計上することとされています（企業結合会計基準（注10））。そのため，親会社の個別財務諸表上，財政状態が良好な子会社を吸収合併した場合，抱合せ株式消滅差益が計上され，財政状態が劣悪な子会社を吸収合併した場合，抱合せ株式消滅差損が計上されることが想定されます。

一方で，子会社同士が合併した場合，吸収合併存続会社となる子会社の個別

財務諸表上，吸収合併消滅会社となる子会社の資産及び負債は，合併期日の前日に付された適正な帳簿価額により計上され，親会社の個別財務諸表上，吸収合併消滅会社の株式は吸収合併存続会社の株式に適正な帳簿価額により引き換えられます（企業結合・事業分離適用指針247，248）。そのため，子会社同士が合併した後に，当該合併後の子会社を親会社が合併した場合，親会社の個別財務諸表上，財政状態が良好な子会社を吸収合併した場合に発生する抱合せ株式消滅差益と財政状態が劣悪な子会社を吸収合併した場合に発生する抱合せ株式消滅差損の合計額が，抱合せ株式消滅差損益として計上されることになると考えられます。

❸ 設例（適正な会計処理）

X1年3月31日において，P社は，S1社の株式の100％を保有し，S1社を子会社とするとともに，S2社の株式の100％を保有し，S2社を子会社としていた。

X1年3月31日における各社の貸借対照表は以下のとおりである。

P社貸借対照表

諸資産	300	諸負債	150
S1社株式	50	資本金	80
S2社株式(※)	50	繰越利益剰余金	170

（※） S2社の純資産はマイナスであるが，回復可能性が十分な証拠によって裏づけられていることから減損処理に至っていない。

S1社貸借対照表

諸資産	100	諸負債	20
		資本金	10
		繰越利益剰余金	70

S2社貸借対照表

諸資産	30	諸負債	90
		資本金	10
		繰越利益剰余金	△70

ケース1　子会社同士が合併した後に親会社が合併する場合

　S1社は，X1年4月1日に同社を吸収合併存続会社，S2社を吸収合併消滅会社として，新株を対価として，X1年4月1日を合併期日として吸収合併した。なお，債務超過であるS2社を吸収合併することにより増加すべき払込資本はマイナスであるため，繰越利益剰余金の減少として処理する。

　その後，P社は，同社を吸収合併存続会社，S1社を吸収合併消滅会社として，X1年4月2日を合併期日として吸収合併した。

◆S1社（吸収合併存続会社）の会計処理

　S1社は，S2社から受け入れた資産及び引き受けた負債を合併期日の前日の適正な帳簿価額により計上し，当該適正な帳簿価額による株主資本の額がマイナスとなるため繰越利益剰余金の減少として会計処理する（企業結合・事業分離適用指針247，185(1)）。

| (借) 諸　資　産 | 30 | (貸) 諸　負　債 | 90 |
| 繰越利益剰余金 | 60 | | |

◆P社（吸収合併存続会社）の会計処理

　P社が受け取ったS1社株式の取得原価は，引き換えられたS2社の株式に係る合併期日の前日の適正な帳簿価額に基づいて計上する（企業結合・事業分離適用指針248）。

| (借) Ｓ１社株式 | 50 | (貸) Ｓ２社株式 | 50 |

　P社は，S1社から受け入れた資産及び引き受けた負債を合併期日の前日の適正な帳簿価額により計上し，当該適正な帳簿価額による株主資本の額と合併直前に保有していたS1社株式の適正な帳簿価額との差額を特別損益に計上する（企業結合・事業分離適用指針206(2)①ア）。

| (借) 諸　資　産 | 130 | (貸) 諸　負　債 | 110 |
| 抱合せ株式消滅差損 | 80 | Ｓ１社株式 | 100 |

ケース2 親会社が子会社をそれぞれ合併する場合

P社は，X1年4月1日に同社を吸収合併存続会社，S1社を吸収合併消滅会社として，X1年4月1日を合併期日として吸収合併した。

その後，P社は，X1年4月2日に同社を吸収合併存続会社，S2社を吸収合併消滅会社として，X1年4月2日を合併期日として吸収合併した。

◆P社（吸収合併存続会社）の会計処理

P社は，S1社から受け入れた資産及び引き受けた負債を合併期日の前日の適正な帳簿価額により計上し，当該適正な帳簿価額による株主資本の額と合併直前に保有していたS1社株式の適正な帳簿価額との差額を特別損益に計上する（企業結合・事業分離適用指針206）。

（借）諸　資　産	100	（貸）諸　負　債	20
		S 1 社 株 式	50
		抱合せ株式消滅差益	30

P社は，S2社から受け入れた資産及び引き受けた負債を合併期日の前日の適正な帳簿価額により計上し，当該適正な帳簿価額による株主資本の額と合併直前に保有していたS2社株式の適正な帳簿価額との差額を特別損益に計上する（企業結合・事業分離適用指針206(2)①ア）。

| （借）諸　資　産 | 30 | （貸）諸　負　債 | 90 |
| 抱合せ株式消滅差損 | 110 | S 2 社 株 式 | 50 |

ポイント

最終的な存続会社である親会社が子会社2社を吸収合併する場合，吸収合併の順序によって，親会社の個別財務諸表上，経営成績や財政状態に与える影響に差異は生じない。

取得に該当する株式移転 —— 完全子会社株式を各社が相互保有している場合の会計処理

! 各社の個別財務諸表において、株式移転により交換され、保有することになった親会社株式を交換時の時価により計上してしまった。

① 設例（よくある誤り）

A社（B社株式をその他有価証券として保有）は、X1年3月31日にB社（A社株式をその他有価証券として保有）と株式移転を実施し、両社はそれぞれ株式移転完全親会社であるP社の完全子会社となった。この株式移転時に、A社が保有するB社株式はP社株式と交換され、B社が保有するA社株式もP社株式と交換された。

なお、この株式移転は、A社が取得企業と判定され、B社は被取得企業となった。

【スキーム図】

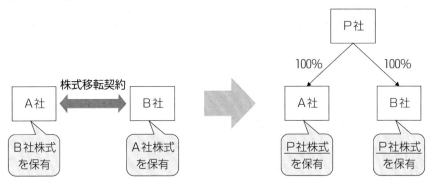

★A社とB社の誤り

A社は、株式移転により交換され、保有することとなったP社株式を新たな資産として株式移転時のP社株式の時価により計上し、交換されたB社株式の

帳簿価額との差額を交換損益として認識してしまった。同様に，B社も，株式移転により交換され，保有することとなったP社株式を新たな資産として株式移転時のP社株式の時価により計上し，交換されたA社株式の帳簿価額との差額を交換損益として認識してしまった。

ここに注意！ ···

　株式移転完全子会社の個別財務諸表上，株式移転により交換され，保有することになった株式移転完全親会社株式の取得は，新たな資産と交換する取引とみなされない。

···

❷　解　説

　取得企業である株式移転完全子会社（A社）は，保有している被取得企業であるもう一方の株式移転完全子会社（B社）の株式と交換に親会社株式を取得します。このとき，取得企業である株式移転完全子会社は，被取得企業であるもう一方の株式移転完全子会社に対する投資を，株式移転後も，交換により保有することとなった親会社株式を通して継続していると考えられます。このため，取得企業である株式移転完全子会社は，その個別財務諸表上，交換により保有することとなった親会社株式について，株式移転直前のもう一方の株式移転完全子会社の株式の適正な帳簿価額により計上し，交換損益は認識しません（企業結合・事業分離適用指針123-3）。

　他方，被取得企業である株式移転完全子会社（B社）も，保有している取得企業である株式移転完全子会社（A社）の株式と交換に親会社株式を取得することになりますが，被取得企業である株式移転完全子会社は，取得企業であるもう一方の株式移転完全子会社に対する投資を，株式移転後も，交換により保有することとなった親会社株式を通して継続していると考えられる点は上述と同様です。このため，被取得企業である株式移転完全子会社は，その個別財務諸表上，交換により保有することとなった親会社株式について，株式移転直前のもう一方の株式移転完全子会社の株式の適正な帳簿価額により計上し，交換損益は認識しないものと考えられます（企業結合・事業分離適用指針123-3）。

　なお，株式移転完全親会社は，個別財務諸表上，被取得企業株式の取得原価
については，取得企業である株式移転完全子会社が株式移転前から保有してい
た被取得企業株式をこの株式移転直前の適正な帳簿価額により算定することに
なると考えられます。取得企業である株式移転完全子会社株式の取得原価につ
いては，株式移転日の前日における適正な帳簿価額による株主資本の額に基づ
いて算定します（企業結合・事業分離適用指針121(1)①）。

❸　設例（適正な会計処理）

　X1年3月31日において，A社はB社の株式の10％を保有し，B社はA社の
株式の10％を保有していた。そして，X1年3月31日を効力発生日として株式
移転を実施し，株式移転完全親会社であるP社を設立し，A社及びB社は，そ
れぞれ株式移転完全子会社となった。

　X1年3月31日における各社の貸借対照表は以下のとおりである。

A社貸借対照表

諸資産	300	諸負債	150
B社株式	10	資本金	160

B社貸借対照表

諸資産	100	諸負債	90
A社株式	15	資本金	25

◆A社の会計処理

　A社は，株式移転により交換され保有することになったP社株式を通して，
従来保有していたB社に対する投資を継続していると考えられることから，P
社株式を株式移転直前のB社株式の適正な帳簿価額により計上する（企業結
合・事業分離適用指針123-3）。

(借)	P　社　株　式	10	(貸)	B　社　株　式	10

◆B社の会計処理

　B社は，株式移転により交換され保有することになったP社株式を通して，

従来保有していたＡ社に対する投資を継続していると考えられることから，Ｐ社株式を株式移転直前のＡ社株式の適正な帳簿価額により計上する（企業結合・事業分離適用指針123-3）。

(借)	Ｐ 社 株 式	15	(貸)	Ａ 社 株 式	15

ポイント

　株式移転完全子会社であるＡ社及びＢ社においては，ともに，株式移転により引き換えられる親会社株式を通して，従来保有していた投資が継続しているため，交換損益を認識しない。

ケース22

親会社と子会社が共同で実施する株式移転 ── 子会社が保有している自己株式の会計処理

❗ 親会社と子会社とが共同で実施する株式移転（共通支配下の取引）において、子会社が、保有する自己株式と引き換えられた親会社株式について、自己株式の帳簿価額により計上してしまった。

❶ 設例（よくある誤り）

　P社は、X1年3月31日に100％子会社であるS社と共同で株式移転を実施し、持株会社X社を設立した。当該株式移転に際して、S社が保有する自己株式がX社株式と引き換えられた。

【スキーム図】

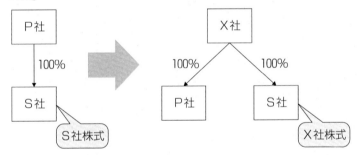

★S社の誤り

　S社は、親会社であるP社と共同で実施する株式移転が共通支配下の取引であることに着目し、この<u>共通支配下の取引の一環として実施される自己株式とX社株式（親会社株式）の交換であることから、自己株式の適正な帳簿価額によりX社株式を計上すべきと判断してしまった。</u>

▶ ここに注意！ ┈┈┈┈┈┈┈┈┈┈┈┈┈┈┈┈┈┈┈┈┈┈┈┈┈┈┈┈┈┈┈┈

　親会社と子会社の共同株式移転（共通支配下の取引）の一環として実施される子

会社における自己株式と親会社株式の交換については，共通支配下の取引とは取り扱わない。

....

❷ 解　説

　株式交換または株式移転の直前に子会社（株式交換完全子会社等）が自己株式を保有している場合，会社法上，親会社（株式交換完全親会社等）は，株式交換日または株式移転日に当該自己株式（子会社株式）を取得し，これと引換えに対価（親会社株式など）を子会社に交付します。この場合，<u>子会社において，受け入れた親会社株式の取得原価は，以下の考え方により，親会社株式の時価</u>とされます（企業結合・事業分離適用指針447-3）。

> - 株式交換または株式移転にあたり，会社法上，親会社は，子会社が保有する自己株式に対して対価（親会社株式など）を交付し，子会社株式を取得することとなるが，もともと，株式交換日または株式移転日に子会社が自己株式を保有するかどうか（株式交換日または株式移転日の直前までに自己株式を消却するかどうか）は結合当事企業の意思決定の結果に依存する。このため，親会社と子会社との間で行う株式の交換は，当該株式交換または株式移転と一体の取引として捉える必要はなく，会計上は，共通支配下の取引として処理する必然性はないこと
> - 子会社にとっては，当該株式交換または株式移転により，資本控除されている自己株式が親会社株式という資産に置き換わり（資本取引の対象から損益取引の対象に変わり），その連続性はなくなることになる。このため，子会社が受け入れる親会社株式の帳簿価額に自己株式の帳簿価額を付すのではなく，新たに受け入れる親会社株式の時価を基礎として処理することによって，株式交換または株式移転後の子会社の損益を適切に算定することができること

　具体的には，子会社が受け入れる親会社株式の取得原価は，親会社株式の時価に付随費用を加算して算定します（企業結合・事業分離適用指針236，238-

3，241-3）。

　なお，子会社による親会社株式の取得は原則として禁止されています（会135Ⅰ）が，株式移転により取得することは例外的に認められています（会135Ⅱ⑤，会施規23）。ただし，相当の時期に処分しなければならないとされています（会135Ⅲ）。

❸　設例（適正な会計処理）

　P社は，X1年3月31日において100％子会社であるS社と共同で株式移転を実施し，持株会社X社を設立した。当該株式移転に際して，S社が保有する自己株式がX社株式と引き換えられた。

　X1年3月31日におけるS社の貸借対照表は以下のとおりである。

S社貸借対照表

諸資産	1,380	諸負債	700
		資本金	150
		繰越利益剰余金	650
		自己株式	△120

◆S社（株式交換完全子会社等）の会計処理

　S社は，株式移転に際して，自己株式と引き換えられたX社株式について時価により計上する（企業結合・事業分離適用指針236，238-3，241-3）。なお，S社において自己株式と引き換えられたX社株式の時価は140である。

（借）　X　社　株　式	140	（貸）　自　己　株　式	120
		自己株式処分差額^(※)	20

（※）　貸借差額。

ポイント

　子会社の保有する自己株式と引き換えられた親会社株式は時価により計上し，自己株式の適正な帳簿価額との差額は自己株式処分差額として「その他資本剰余金」に計上する。

ケース23

親会社が子会社を完全子会社とする株式交換 ── 親会社が保有している自己株式を使用した場合の会計処理

！ 親会社が，新株の発行に代えて保有する自己株式を対価として使用した際に，非支配株主から追加取得する株式の取得原価を当該自己株式の帳簿価額としてしまった。

❶ 設例（よくある誤り）

　P社は，X1年3月31日に保有する自己株式を対価として，80％子会社であるS社と株式交換を実施した。

【スキーム図】

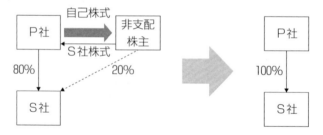

★P社の誤り

　P社は，子会社であるS社との株式交換が共通支配下の取引であることに着目し，この共通支配下の取引の一環として実施される自己株式による非支配株主からの追加取得について，その追加取得株式の取得原価を自己株式の適正な帳簿価額により算定すると判断してしまった。

> ここに注意！ ....

　親会社と子会社の株式交換において，非支配株主に対して親会社の自己株式を対価として支払う場合，追加取得の対価の額は，自己株式の適正な帳簿価額でなく，自

己株式の時価となる。なお，自己株式に限らず，いずれの資産を用いた場合であっても，追加取得の対価の額は，当該資産の追加取得時点の時価により算定される。

❷ 解　説

　非支配株主が存在する子会社と株式交換を実施した場合，株式交換完全親会社の個別財務諸表上，株式交換完全子会社株式の取得原価は，取得の対価（非支配株主に交付した株式交換完全親会社株式の時価）に付随費用を加算して算定し，株式交換により増加する株式交換完全親会社の資本は払込資本とします（企業結合・事業分離適用指針236，企業結合会計基準（注11））。

　このため，企業結合の対価として株式交換完全親会社が自己株式を処分した場合には，増加すべき株主資本の額（自己株式の処分の対価の額）から交付した自己株式の帳簿価額を控除した差額は払込資本の増加として会計処理することになります（企業結合・事業分離適用指針112）。

　なお，増加する払込資本の内訳項目（資本金，資本準備金またはその他資本剰余金）は，会社法の規定に基づき決定されますが，この差額がマイナスとなる場合には，その他資本剰余金の減少として会計処理されます（企業結合・事業分離適用指針112，388）。

❸ 設例（適正な会計処理）

　P社は，X1年3月31日に，保有する自己株式を対価として，80%子会社であるS社と株式交換を実施した。なお，当該自己株式の時価は140である。
　X1年3月31日におけるP社の貸借対照表は以下のとおりである。

P社貸借対照表

諸資産	100	諸負債	20
S社株式	320	資本金	350
		繰越利益剰余金	170
		自己株式	△120

◆P社（株式交換完全親会社等）の会計処理

　P社は，株式交換に際して，保有する自己株式を処分した場合，増加すべき株主資本の額は処分した自己株式の時価により算定し，当該増加資本の額から処分した自己株式の帳簿価額を控除した差額を払込資本（全額その他資本剰余金とした）として会計処理する（企業結合・事業分離適用指針112）。

| （借）　S　社　株　式 | 140 | （貸）　自　己　株　式 | 120 |
| | | その他資本剰余金^{（※）} | 20 |

（※）　貸借差額。

┌─────────┐
│ ポイント ▷
└─────────┘ ……………………………………………………………………

　親会社と子会社の株式交換において，非支配株主に対して親会社の自己株式を対価として処分する場合，この自己株式の時価と処分した自己株式の帳簿価額の差額を払込資本の増加として会計処理する。

……………………………………………………………………………………………………

ケース24

親会社が子会社を完全子会社とする株式交換 —— 子会社が保有している自己株式の会計処理

!親会社が子会社を完全子会社とする株式交換（共通支配下の取引）を実施する際に，子会社が保有する自己株式と引き換えられた親会社株式について，自己株式の帳簿価額で計上してしまった。

❶ 設例（よくある誤り）

　P社は，X1年 3 月31日に子会社（80％）であるS社と株式交換を実施した。この株式交換により，S社が保有する自己株式と引換えにP社株式が交付された。

【スキーム図】

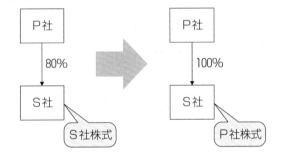

★S社の誤り

　S社は，親会社であるP社と実施する株式交換が共通支配下の取引であることに着目し，この共通支配下の取引の一環として実施される自己株式とP社株式（親会社株式）の交換であることから，自己株式の適正な帳簿価額によりP社株式を計上すべきと判断してしまった。

> **ここに注意！** ⋯⋯⋯⋯⋯⋯⋯⋯⋯⋯⋯⋯⋯⋯⋯⋯⋯⋯⋯⋯⋯⋯⋯⋯⋯⋯⋯⋯⋯⋯⋯⋯
>
> 　親会社と子会社の株式交換（共通支配下の取引）の一環として実施される子会社

における自己株式と親会社株式の交換については，共通支配下の取引とは取り扱わない。

❷ 解 説

　株式交換または株式移転の直前に子会社（株式交換完全子会社等）が自己株式を保有している場合，会社法上，親会社（株式交換完全親会社等）は，株式交換日または株式移転日に当該自己株式（子会社株式）を取得し，これと引換えに対価（親会社株式など）を子会社に交付します。この場合，子会社の個別財務諸表上，受け入れた親会社株式の取得原価は，以下の考え方により，親会社株式の時価とされます（企業結合・事業分離適用指針447-3）。

- 株式交換または株式移転にあたり，会社法上，親会社は，子会社が保有する自己株式に対して対価（親会社株式など）を交付し，子会社株式を取得することとなるが，もともと，株式交換日または株式移転日に子会社が自己株式を保有するかどうか（株式交換日または株式移転日の直前までに自己株式を消却するかどうか）は結合当事企業の意思決定の結果に依存する。このため，親会社と子会社との間で行う株式の交換は，当該株式交換または株式移転と一体の取引として捉える必要はなく，会計上は，共通支配下の取引として処理する必然性はないこと
- 子会社にとっては，当該株式交換または株式移転により，資本控除されている自己株式が親会社株式という資産に置き換わり（資本取引の対象から損益取引の対象に変わり），その連続性はなくなることになる。このため，子会社が受け入れる親会社株式の帳簿価額に自己株式の帳簿価額を付すのではなく，新たに受け入れる親会社株式の時価を基礎として処理することによって，株式交換または株式移転後の子会社の損益を適切に算定することができること

　具体的には，子会社の個別財務諸表上，受け入れる親会社株式の取得原価は，株式交換完全親会社株式の時価に付随費用を加算して算定します。また，当該

親会社株式の取得原価と引き換えられた自己株式の帳簿価額との差額は，自己株式処分差額としてその他資本剰余金に計上します（企業結合・事業分離適用指針238-3）。

　なお，子会社による親会社株式の取得は原則として禁止されています（会135Ⅰ）が，株式交換により取得することは例外的に認められています（会135Ⅱ⑤，会施規23②）。ただし，相当の時期に処分しなければならないとされています（会135Ⅲ）。

　また，株式交換直前に子会社が自己株式を保有していなくても，株式交換に反対する株主が株式買取請求権を行使してきた場合，自己株式として取得せざるを得ない場合もあります。仮に，外部の非支配株主が存在し，当該非支配株主が反対株主として株式買取請求権（会785Ⅰ）を行使した場合，株式買取請求の効力発生日である株式交換の日（会786Ⅵ）において，買取価格の合意が成立していない状態があり得ます。この場合には，いったん，入手可能な合理的な情報に基づき最善の方法で公正な価格（※）を見積り，当該買取見積額で反対株主から買い取ったものとして，株式交換の会計処理を行い，買取価格が確定した段階で，自己株式処分差額の修正として会計処理するのが適当であると考えられます。

（※）　一般に株式買取請求権の効力発生時（株式交換の日）における時価を基準として，株式交換により株価が下落している場合には当該株式交換が実施されなかったものと仮定した場合の価格となり，当該株式交換により株価が上昇している場合には当該上昇を織り込んだ価格となると考えられます。

❸　設例（適正な会計処理）

　P社は，X1年3月31日に子会社（80%）であるS社と株式交換を実施した。この株式交換に際して，S社が保有する自己株式がP社株式と引き換えられた。X1年3月31日におけるS社の貸借対照表は以下のとおりである。

S社貸借対照表

諸資産	1,380	諸負債	700
		資本金	150
		繰越利益剰余金	650
		自己株式	△120

◆S社（株式交換完全子会社等）の会計処理

　S社は，株式交換に際して，自己株式と引き換えられたP社株式について時価により計上する（企業結合・事業分離適用指針238-3）。なお，S社において自己株式と引き換えられたP社株式の時価は140である。

（借）　P　社　株　式	140	（貸）　自　己　株　式	120
		自己株式処分差額	20

ポイント

　親会社と子会社の株式交換（共通支配下の取引）の一環として実施される子会社における自己株式と親会社株式の交換については，引き換えられた親会社株式を時価により計上し，自己株式の適正な帳簿価額との差額は，自己株式処分差額として「その他資本剰余金」に計上する。

ケース25

共同支配企業の形成の判定

！ 独立した企業がお互いの100%子会社を株式のみを対価として対等合併（合併後のそれぞれの旧親会社の持分比率が50：50となる合併）したことをもって，この合併が共同支配企業の形成に該当すると判断してしまった。

① 設例（よくある誤り）

　P1社の100%子会社であるS1社と，P2社の100%子会社であるS2社とは，以下の条件（統合契約として文書にて合意済み）に基づき吸収合併を実施した。なお，P1社とP2社とは，その株主も含めて資本関係は一切なく，互いに独立した企業である。

- 吸収合併存続会社：S1社（発行済株式数1,000株）
- 吸収合併消滅会社：S2社（発行済株式数400株）
- 合併期日：X1年3月31日
- 合併対価：S2社株式1株に対してS1社株式2.5株を発行する
- 合併後のS1社における取締役会構成：総員5名（P1社が3名選任，P2社が2名選任）
- 合併後のS1社の事業運営：事業運営上の重要な意思決定は取締役会決議（過半数）を必要とする

【スキーム図】

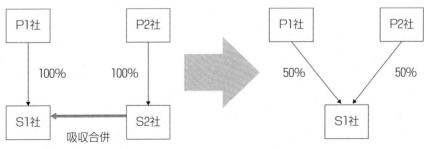

★P1社・P2社の誤り

　この吸収合併により，合併後のS1社に対するP1社及びP2社の持分比率は50％（1,000株/2,000株）となることから，特に合併後のS1社の運営に関する契約等の取り決めを確認せずに，この吸収合併は共同支配企業の形成に該当すると判断してしまった。

> **ここに注意！** ....
>
> 　子会社同士の合併などの企業結合が共同支配企業の形成に該当するか否かは，企業結合後の従前の株主における持分比率が対等であることのみで判断はできない。
>
> ....

❷　解　説

　共同支配企業とは複数の独立した企業により共同で支配される企業をいい，共同支配企業の形成とは複数の独立した企業が契約等に基づき，当該共同支配企業を形成する企業結合をいいます（企業結合会計基準11）。

　企業結合のうち，以下の要件のすべてを満たすものは共同支配企業の形成と判定するとされています（企業結合・事業分離適用指針175）。

　⑴　共同支配投資企業（共同支配企業を共同で支配する企業）となる企業は，複数の独立した企業から構成されていること（独立企業要件）

　⑵　共同支配投資企業となる企業が共同支配となる契約等を締結していること（契約要件）

　⑶　企業結合に際して支払われた対価のすべてが，原則として，議決権のある株式であること（対価要件）

　⑷　⑴から⑶以外に支配関係を示す一定の事実が存在しないこと（その他の支配要件）

　上記の共同支配企業の形成の判定に係る要件のうち，契約要件については，契約等の文書化に加えて，以下のすべてが規定されていなければならないとされています（企業結合・事業分離適用指針178）。

- 共同支配企業の事業目的が記載され，当該事業遂行における各共同支配投資企業の重要な役割分担が取り決められていること
  なお，各共同支配投資企業の重要な役割分担が契約書に記載されていても，実態が伴っていない場合には本要件を満たしたことにはならない。
- 共同支配企業の経営方針及び財務に係る重要な経営事項の決定は，すべての共同支配投資企業の同意が必要とされていること
  ここでいう重要な経営事項とは，一般に取締役会及び株主総会の決議事項とされるものをいい，例えば，予算及び事業計画，重要な人事，多額の出資，多額の資金調達・返済，第三者のための保証，株式の譲渡制限，取引上重要な契約，重要資産の取得・処分，事業の拡大または撤退等が挙げられる。
  また，重要な経営事項を共同支配企業の意思決定機関で決議する前に，すべての共同支配投資企業の事前承認が必要である旨，規定されている場合には，本要件を満たすものとして取り扱う（企業結合・事業分離適用指針179）。

　なお，企業結合後の旧株主における持分比率が対等であることは，(4)その他の支配要件を満たすことの補足的な要素となり得ますが，これのみで共同支配企業の形成と判断されることはありません。

❸　設例（適正な会計処理）

　P1社の100％子会社であるS1社と，P2社の100％子会社であるS2社とは，以下の条件により吸収合併を実施した。なお，P1社とP2社とは，その株主も含めて資本関係は一切なく，互いに独立した企業である。
- 吸収合併存続会社：S1社（発行済株式数1,000株）
- 吸収合併消滅会社：S2社（発行済株式数400株）
- 合併期日：X1年3月31日
- 合併対価：S2社株式1株に対してS1社株式2.5株を発行する
- 合併後のS1社における取締役会構成：総員5名（P1社が3名選任，P2社

が2名選任)

- 合併後のS1社の事業運営：事業運営上の重要な意思決定は取締役会決議（過半数）を必要とする

　上記の企業結合に係る諸条件について，共同支配企業の形成に係る要件の1つひとつに照らして判断した結果は以下のとおりである。なお，設例に明記されていない条件については一切考慮しないものとする。

(1)　独立企業要件

　P1社とP2社は，その株主も含めて資本関係は一切なく，互いに独立した企業である旨の条件が示されているため，本要件は満たすと考えられる。

(2)　契約要件

　契約の文書化はなされているが，当該契約において，事業運営上の重要な意思決定は取締役会決議（過半数）を必要とする旨が記載されており，必ずしも，すべての共同支配投資企業の同意が必要とされているわけではない。したがって，本要件は満たさないと考えられる。

　共同支配企業の形成と判定されるためには，要件のすべてを満たすことが必要であるため，(2)の契約要件を満たさないことをもってP1社とP2社の吸収合併は，取得と判断される。

┌─ ポイント ＞ ....
　企業結合を共同支配企業の形成と判断するためには，(1)独立企業要件，(2)契約要件，(3)対価要件，(4)その他の支配要件の4つをすべて満たす必要がある。特に，契約要件については，結合後企業の重要な経営事項の決定について基本的にすべての共同支配投資企業の同意が必要とされている点に留意が必要である。
....

ケース26

共同支配企業の形成（子会社同士の合併）の会計処理

> ⚠ 共同支配企業の形成に該当する吸収合併において，吸収合併存続会社は，吸収合併消滅会社より受け入れた資産及び引き受けた負債を時価により計上し，のれんを識別してしまった。

❶ 設例（よくある誤り）

　P1社の100％子会社であるS1社は，X1年3月31日に同社を吸収合併存続会社，P2社の100％子会社であるS2社を吸収合併消滅会社とし，S1社株式のみを対価とした吸収合併を実施した。当該吸収合併に際して，P1社とP2社とは，吸収合併の条件及び吸収合併後のS1社の運営に関する契約を締結しており，当該吸収合併は共同支配企業の形成と判定されたものとする。

【スキーム図】

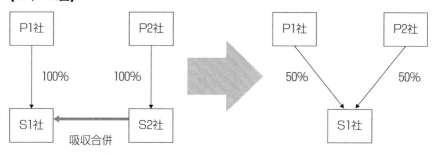

★S1社の誤り

　S1社は，S2社を吸収合併する個別財務諸表の会計処理について，グループ外の会社との企業結合であることから，取得に該当する吸収合併と同様の会計処理をするべきであると判断し，S2社から受け入れた資産及び引き受けた負債を吸収合併時の時価により計上してしまった。また，それらの計上額に基づく株主資本相当額（資産 − 負債）と対価として交付したS1社株式の時価との差額をのれんとして計上してしまった。

　グループ外の会社との企業結合であっても，共同支配企業の形成と判定された吸収合併（企業結合）には，取得の会計処理は適用されず，共同支配企業の形成の会計処理が適用される。

❷ 解　説

　共同支配企業とは，複数の独立した企業により共同で支配される企業をいい，共同支配企業の形成とは，複数の独立した企業が契約等に基づき，当該共同支配企業を形成する企業結合をいいます（企業結合会計基準11）。

　企業結合の経済的実態の１つとして「持分の結合」があります。「持分の結合」とは，いずれの企業（または事業）の株主（または持分保有者）も他の企業（または事業）を支配したとは認められず，結合後企業のリスクや便益を引き続き相互に共有することを達成するため，それぞれの事業のすべて，または事実上のすべてを統合して１つの報告単位となることをいいます。この「持分の結合」に該当する共同支配企業の形成については，移転する資産及び負債を帳簿価額で引き継ぐ会計処理が適用されます（企業結合会計基準67～71，76）。

　したがって，S1社（吸収合併存続会社）は，個別財務諸表の作成において，S2社（吸収合併消滅会社）から受け入れた資産及び負債を合併期日（企業結合日）の前日における適正な帳簿価額により計上することになります（企業結合・事業分離適用指針184）。

　増加資本の会計処理については，S1社は，合併期日の前日におけるS2社の適正な帳簿価額による株主資本の額を，原則として，払込資本（資本金または資本剰余金）として会計処理しますが，株主資本の額がマイナスとなる場合には，払込資本をゼロとし，その他利益剰余金のマイナスとして処理します。なお，S2社における資本金，資本準備金，その他資本剰余金，利益準備金及びその他利益剰余金の内訳項目をそのまま引き継ぐこともできます。また，株主資本以外の項目（評価・換算差額等及び新株予約権）については適正な帳簿価額をそのまま引き継ぎます（企業結合・事業分離適用指針185）。

❸　設例（適正な会計処理）

　P1社の100％子会社であるS1社は，X1年3月31日に，同社を吸収合併存続会社，P2社の100％子会社であるS2社を吸収合併消滅会社とし，S1社株式のみを対価とした吸収合併を実施した。この吸収合併に際して，P1社とP2社とは，吸収合併の条件及び吸収合併後のS1社の運営に関する契約を締結しており，この吸収合併は共同支配企業の形成と判定されたものとする。

　X1年3月31日におけるS1社及びS2社の貸借対照表は以下のとおりである。

S1社貸借対照表

諸資産	700	諸負債	200
		資本金	500

S2社貸借対照表

諸資産	100	諸負債	20
		資本金	30
		その他利益剰余金	50

　なお，S1社は，本吸収合併に際して，S2社の合併期日の前日の株主資本の内訳項目をそのまま引き継ぐ会計処理を選択している。

◆S1社（吸収合併存続会社）の会計処理

　S1社（吸収合併存続会社）は，個別財務諸表の作成において，S2社（吸収合併消滅会社）から受け入れた資産及び負債を合併期日（企業結合日）の前日における適正な帳簿価額により計上し，S2社の合併期日の前日における株主資本の内訳項目をそのまま引き継ぐ（企業結合・事業分離適用指針184，185）。

(借)	諸　資　産	100	(貸)	諸　負　債	20
				資　本　金	30
				その他利益剰余金	50

共同支配企業の形成と判定された吸収合併（企業結合）では，受け入れた資産及び引き受けた負債は，吸収合併消滅会社（被結合企業）において，吸収合併直前に付されていた適正な帳簿価額により計上する。また，増加資本は当該資産・負債の差額となることから，のれんは計上されない。

ケース27

共同支配企業の形成(事業譲渡により共同で新設会社を設立)の会計処理

❗ 複数の会社がそれぞれの事業を譲渡して共同で新設会社を設立する際に,のれんが発生することを失念した結果,のれんの償却に関する持分法仕訳が漏れてしまった。

❶ 設例(よくある誤り)

A社とB社は,X1年1月1日に共同新設分割によりS社を設立した。A社とB社はS社を共同支配する契約を締結しており,この共同新設分割は共同支配企業の形成と判定されたものとする。

【スキーム図】

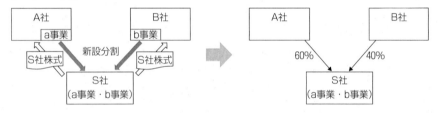

★A社の誤り

A社は,個別財務諸表上,a事業を新設分割した際に取得するS社株式の価額を,移転した事業に係る株主資本に基づいて算定した。そして,A社は,連結財務諸表上,a事業を移転したことによる持分の減少額とS社に対する投資による持分の増加額との差額を持分変動差額とした。しかしながら,共同支配企業の形成による共同新設分割では,のれんは発生しないと誤解してしまった。また,共同支配企業の形成がされており,S社に対する投資について,A社連結財務諸表上の会計処理において持分法が適用され,のれん相当額は投資簿価に含めて処理されるため,のれんの存在に気づかなかった。

　共同支配企業の形成では持分法が適用されるため，のれんは発生するが投資簿価に含めて処理されるので「仕訳なし」となる。

••

❷　解　説

　新設分割による子会社の設立について，100％子会社を設立後にその子会社株式のみを対価として吸収分割を行う場合と同様，投資が継続しているという経済的実態は同じと考えられます。そこで，個別財務諸表上，新設分割によるＡ社の会計処理は，子会社株式のみを対価とする会社分割により親会社が子会社に事業を移転する場合の親会社の会計処理に準じた処理を行うこととなり，Ｓ社株式の取得原価は，移転事業（ａ事業）に係る株主資本相当額に基づいて算定し，移転損益を認識しません（企業結合・事業分離適用指針100(1)，196，199）。

　連結財務諸表上においては，共同支配投資企業（Ａ社及びＢ社）は，共同支配する契約を締結しており，この共同新設分割は共同支配企業の形成と判定されているため，共同支配企業（Ｓ社）に対する投資について，60％の持分を保有しているＡ社についても持分法を適用する必要があります（企業結合・事業分離適用指針197）。

　Ａ社が保有していたａ事業は，新設分割によりＳ社に譲渡され，Ｓ社はＡ社の60％子会社になります。この点，Ａ社のａ事業の持分比率は，新設分割の前後で100％から60％に減少すると考え，Ｂ社に移転する40％部分について持分変動差額を計上します。持分変動差額は，「分離元企業のａ事業が移転されたとみなされる額（ａ事業の時価×減少率40％）」と「移転した事業に係る親会社の持分の減少額（ａ事業に係る株主資本相当額×減少率40％）」との間に生じた差額であり，原則として特別損益として処理することになります（企業結合・事業分離適用指針100(2)①，199）。

　さらに，Ａ社は，Ｓ社に対する投資を通じてＢ社のｂ事業の60％部分を取得するため，「分離先企業に対して投資したとみなされる額（ｂ事業の時価×

60%）」と「これに対応するｂ事業の移転直前の資本（ｂ事業に係るＡ社の持分の増加額）」の差額がのれん相当額となります（企業結合・事業分離適用指針100(2)②，199）。持分法では，のれん相当額は投資に含めて（持分法会計基準11）投資有価証券として連結貸借対照表に計上されるため，持分法適用による仕訳は生じませんが，のれん償却費を持分法投資損益として取り込みますので，のれんの認識漏れに留意が必要です。

❸ 設例（適正な会計処理）

Ａ社とＢ社は，X1年１月１日に共同新設分割によりＳ社を設立した。Ａ社とＢ社はＳ社を共同支配する契約を締結しており，この共同新設分割は共同支配企業の形成と判定されたものとする。

Ｓ社は12月決算であり，X1年12月期の当期純利益は100であった。

なお，のれんは６年で償却するものとする。

ａ事業及びｂ事業の移転直前の内容等は以下のとおりである。

	ａ事業	ｂ事業	合計
諸資産	1,000	1,200	2,200
諸負債	450	750	1,200
株主資本	550	450	1,000
事業の時価	720	480	1,200
受け入れたＳ社株式の株式数（持分比率）	300（60%）	200（40%）	500（100%）

◆Ｓ社の個別財務諸表上の会計処理

（借）諸　資　産(※1)	2,200	（貸）諸　負　債(※1)	1,200
		払　込　資　本(※2)	1,000

（※1）　ａ事業及びｂ事業の分割期日前日の適正な帳簿価額の合計（企業結合・事業分離適用指針192）。

（※2）　ａ事業及びｂ事業の株主資本相当額の合計（企業結合・事業分離適用指針193）。

◆A社の会計処理

① 個別財務諸表上の会計処理

＜X1年1月1日＞

（借）	諸　負　債	450	（貸）	諸　資　産	1,000	
	共同支配企業株式[※]（S　社　株　式）	550				

（※）　移転した事業（a事業）に係る株主資本相当額550に基づいて，S社に対する投資の取得原価を算定する。

② 連結財務諸表上の会計処理

＜X1年1月1日＞

● 持分変動差額の算定

（借）	共同支配企業株式[※]（S　社　株　式）	68	（貸）	持分変動差額[※]	68

（※）　(イ)「a事業が移転されたとみなされる額288（a事業の時価720×減少率40％）」と(ロ)「移転した事業に係る親会社の持分の減少額220（a事業に係る株主資本相当額550×減少率40％）」の差額によって算定。(イ)＞(ロ)となる場合，A社はa事業を移転することによって，S社に対する投資を通じた持分額が純額で増加することを意味する。

● b事業に対する60％取得についてののれんの算定

仕訳なし[※]

（※）　「b事業に対して投資したとみなされる額288（＝b事業の時価480×60％）」から「b事業に係るA社の持分の増加額270（＝b事業の資本450×60％）」を控除した18がのれんに該当するが，持分法では，のれんについては「仕訳なし」となる。

＜X1年12月31日＞

● 持分法投資損益の計上

（借）	共同支配企業株式[※]（S　社　株　式）	60	（貸）	持分法投資損益[※]	60

（※）　S社の当期純利益100のうちA社の持分相当額60（＝100×60％）を計上。

● のれん償却額の計上

（借）	持分法投資損益[※]	3	（貸）	共同支配企業株式[※]（S　社　株　式）	3

（※）　のれん償却費3（＝18÷6年）を持分法投資損益として取り込む。

ポイント

　のれん相当額は投資簿価に含まれて連結貸借対照表に計上されるため，のれんとして連結貸借対照表に計上されないが，のれん償却額は持分法投資損益として取り込む必要がある。

ケース28

取得時における取得原価の配分（PPA）

> ！ 取得による企業結合の会計処理にあたり，取得原価の配分手続を行わず，投資
> と資本の相殺差額をすべてのれんとしてしまった。

❶ 設例（よくある誤り）

　P社（3月末決算）は，X1年4月1日にS社（3月末決算）の発行済株式
を100％取得し，子会社化した。この子会社化は取得と判定され，P社は取得
企業，S社は被取得企業に該当する。

★P社の誤り

　P社は，S社取得時における取得原価の配分手続において，一般的に<u>土地に
ついてのみ時価評価されるものと誤解し，土地以外について取得原価の配分手
続を実施しなかった</u>。

> ここに注意！
>
> 　被取得企業の貸借対照表に計上されていない，顧客関連や技術などの無形資産が
> 識別されることもある。被取得企業の事業内容，収益力の源泉などを把握し，識別
> 可能資産及び負債の洗い出しが必要である。

❷ 解　説

　2008年12月26日に公表された「企業結合に関する会計基準」において，共同
支配企業の形成及び共通支配下の取引以外の企業結合は，「取得」と判定され，
持分プーリング法ではなくパーチェス法により会計処理することが求められる
こととなりました（企業結合会計基準17）。

　2008年改正以前は，企業結合には，ある企業が他の企業の支配を獲得するこ
とになる「取得」といずれの企業も他の企業の支配を獲得したとは判断できな

い「持分の結合」という異なる経済的実態が存在するとの認識のもと，「取得」に対してはパーチェス法，「持分の結合」に対しては持分プーリング法（対応する資産及び負債を帳簿価額で引き継ぐ会計処理）を適用するものとされていました。これは，我が国におけるM&Aに対する当事者や世間への心理的影響などを配慮し，多くの経営統合では「対等の精神」が強調されていた背景などがあったと考えられますが，国際的な動向を踏まえた改正がなされ，企業結合会計のパターンが整理・明確化されたといえます。

　パーチェス法では，「取得企業の決定」，「取得原価の算定」及び「取得原価の配分」を経て，のれん（または負ののれん）が算定されます（企業結合会計基準18～33）。

　ここで「取得原価の配分」とは，企業結合における取得原価について被取得企業から受け入れた資産及び引き受けた負債のうち，企業結合日において識別可能な資産及び負債の企業結合日時点の時価を基礎として配分する手続のことです（企業結合会計基準28）。この手続は一般にPPA（Purchase price allocation）と呼ばれています。

　識別可能資産には，法律上の権利など分離して譲渡可能な無形資産が含まれ，例えば，ソフトウェア，顧客リスト，特許で保護されていない技術やブランドも識別されることがあります（企業結合・事業分離適用指針367，370）。

　その結果，取得原価が，受け入れた資産及び引き受けた負債に配分された純額を上回る場合には当該超過額がのれんとして無形固定資産の部に計上され，下回る場合には当該不足額が負ののれんとして一括して利益に計上されます（企業結合会計基準31～33）。

❸　設例（適正な会計処理）

1　取得時の会計処理

　P社（3月末決算）は，X1年4月1日にS社（3月末決算）の発行済株式を100%取得し，子会社化した。この子会社化は取得と判定され，P社は取得企業，S社は被取得企業に該当する。

　法人税率はP社，S社ともに30%とし，繰延税金資産の回収可能性については問題ないものとする。

企業結合日前日におけるP社及びS社の貸借対照表はそれぞれ次のとおりである。

P社貸借対照表

諸資産	3,700	資本金	1,200
S社株式	2,500	資本剰余金	1,000
		利益剰余金	4,000

S社貸借対照表

諸資産	1,700	退職給付引当金(※)	700
土地	500	資本金	500
繰延税金資産	210	利益剰余金	1,210

(※) 退職給付引当金の内訳は次のとおりである。

退職給付債務	1,500
年金資産	△500
未積立退職給付債務	1,000
未認識数理計算上の差異	△300
退職給付引当金	700

◆X1年4月1日の連結修正仕訳

（取得原価の配分）

(借)	土　　　　　地(※1)	400	(貸)	評　価　差　額	400
	顧　客　関　係(※2)	500		評　価　差　額	500
	評　価　差　額	300		退職給付引当金(※3)	300
	評　価　差　額	270		繰延税金負債(※4)	270
	繰延税金資産(※5)	90		評　価　差　額	90

（※1） 時価900－帳簿価額500
（※2） S社では優良顧客との契約により，将来の収益獲得が期待されていることから，顧客リストを無形資産として識別し，時価評価により500と算出された。
（※3） 被取得企業における未認識項目は引き継がず，退職給付債務及び年金資産の正味の価額を基礎に取得原価を配分する（企業結合・事業分離適用指針67）。
（※4） 将来加算一時差異900（土地400及び顧客関係500）×実効税率30％＝270
（※5） 将来減算一時差異300（退職給付引当金）×実効税率30％＝90

（資本連結）

（借）	資 本 金	500	（貸）	Ｓ 社 株 式	2,500
	利 益 剰 余 金	1,210			
	評 価 差 額 (※1)	420			
	の れ ん (※2)	370			

（※1）　取得原価の配分における評価差額の合計の消去。
（※2）　貸借差額。

◆連結貸借対照表

Ｐ社連結貸借対照表

諸資産	5,400	退職給付に係る負債	1,000
土地	900	資本金	1,200
のれん	370	資本剰余金	1,000
顧客関係	500	利益剰余金	4,000
繰延税金資産	30		

2　時価評価した項目に払出しがある場合の会計処理

　　Ｓ社の保有する土地の内訳は下表のとおりである。

	簿価	企業結合時における時価	評価差額
土地Ａ	200	500	300
土地Ｂ	300	400	100
合計	500	900	400

　　Ｓ社は，X5年３月末に土地Ａを600で外部の第三者に売却し，Ｓ社の個別財務諸表上400の売却益（売却額600－簿価200）を計上している。

◆X5年３月31日における土地売却に係る連結修正仕訳

（借）	固定資産売却益 (※1)	300	（貸）	土 地	300
	繰 延 税 金 負 債 (※2)	90		法人税等調整額	90

（※1）　土地Ａの連結上の簿価は，企業結合時の時価である500であるため，連結上の土地Ａの売却益は，売却額600－連結上の簿価500＝100となる。売却損益について連結上調整が必要となる。

（※2）　土地Aの売却に伴い，評価差額が実現することから連結上の一時差異300が解消するため，見合う税効果額（300×実効税率30％）を取り崩す。

┌ ポイント ⟩ ┈┈┈┈┈┈┈┈┈┈┈┈┈┈┈┈┈┈┈┈┈┈┈┈┈┈┈┈┈┈┈┈┈┈┈

　　PPAにより識別した無形資産については，のれんと異なり，連結上の一時差異となるため，税効果会計の対象となる。

┈┈┈

ケース29

表明保証違反により取得対価が減額された場合の会計処理

! 表明保証違反により減額された株式の取得対価相当額を利益として計上してしまった。

① 設例（よくある誤り）

　P社（3月決算）は，X1年4月1日にS社（3月決算）の株式100％を現金1,000により取得し，完全子会社とした。この株式取得に際して，P社は，S社の旧株主との間で，S社の簿外負債が存在しないとする表明保証が記載された株式譲渡契約を締結している。なお，X1年4月1日時点においてS社に対する税務当局による税務調査が進行中である。

　X2年3月31日にS社に未払いの税金債務が存在していることが判明し，S社の旧株主は，表明保証違反に係る補償としてP社に対して現金100を支払った。

【スキーム図】

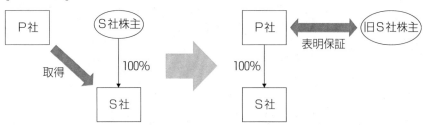

★P社の誤り

　P社は，X2年3月31日に，S社の旧株主より受領した表明保証の補填金は取得時に計上した企業結合の会計処理に影響を及ぼしてはいけないと判断し，利益として処理してしまった。

ここに注意！ ●●

　表明保証違反による取得対価の減額は，損益処理ではなく，取得対価の調整として会計処理される。

●●

❷　解　説

　取得原価の配分は，企業結合日以後1年以内に行わなければならないとされており，企業結合日以後の決算において，配分が完了していなかった場合は，その時点で入手可能な合理的な情報等に基づき暫定的な会計処理を行います（企業結合会計基準28，同（注6））。そして，当該暫定的な会計処理の対象となる項目は，繰延税金資産及び繰延税金負債のほか，土地，無形資産，偶発債務に係る引当金など，実務上，取得原価の配分額の算定が困難な項目に限られるとされています（企業結合・事業分離適用指針69）。

　実務上，組織再編の契約において，被取得企業に簿外負債が存在しないとする表明保証の記載がなされることがあります。このような組織再編において，事後的に簿外負債の存在が発覚し，その発生が株式取得日であるX1年4月1日以前の事象に起因している場合，企業結合により取得した識別可能負債による取得原価の配分額が見直されることになるため，暫定的な会計処理の対象となると考えられます。また，当該表明保証違反に係る補償については，取得対価の調整として会計処理されると考えられます。

❸　設例（適正な会計処理）

　P社（3月決算）は，X1年4月1日にS社（3月決算）の株式100％を現金1,000により取得し，完全子会社とした。この株式取得に際して，P社は，S社株主との間で，S社に簿外負債が存在しないとする表明保証が記載された株式譲渡契約を締結している。なお，X1年4月1日時点においてS社に対する税務当局による税務調査が進行中である。

　X1年4月1日における各社の貸借対照表は以下のとおりである。なお，各社の諸資産及び諸負債の時価は帳簿価額と一致しているものとする。

P社貸借対照表

諸資産	3,000	諸負債	500
S社株式	1,000	資本金	100
		繰越利益剰余金	3,400

S社貸借対照表

諸資産	1,500	諸負債	700
		資本金	150
		繰越利益剰余金	650

◆X1年4月1日における連結処理(※)

（※）　X1年4月1日において連結財務諸表を作成するわけではないが理解のために示す。

　P社は，連結財務諸表の作成において，現時点における入手可能な合理的な情報に基づき暫定的な会計処理を実施する（企業結合・事業分離適用指針69）。
（単純合算仕訳）

（借）諸　資　産	1,500	（貸）諸　負　債	700
		資　本　金	150
		繰越利益剰余金	650

（資本連結）

（借）資　本　金	150	（貸）S　社　株　式	1,000
繰越利益剰余金	650		
の　れ　ん(※)	200		

（※）　貸借差額。

◆表明保証違反による現金受領の仕訳

　X2年3月31日において，S社のX1年4月1日の貸借対照表に計上されていなかった未払いの税金債務80が発覚し，表明保証違反による補償として，P社は旧S社株主から現金80を受領した。
（表明保証違反による現金の受領）

| （借）諸資産（現金） | 80 | （貸）S　社　株　式(※) | 80 |

（※）　表明保証違反により受け取った対価は，S社株式の取得原価の調整とされる。

189

X2年 3 月31日における各社の貸借対照表は以下のとおりである。なお，便宜的に，P社及びS社は，X1年 4 月 1 日からX2年 3 月31日の期間における当期純利益はゼロとしている。

P社貸借対照表

諸資産	3,080	諸負債	500
S社株式	920	資本金	100
		繰越利益剰余金	3,400

S社貸借対照表

諸資産	1,500	諸負債	780
		資本金	150
		繰越利益剰余金	570

◆X2年 3 月31日における連結処理

P社は，連結財務諸表の作成において，表明保証違反に係る補償80を取得対価の調整として処理している。

（単純合算仕訳）

（借）	諸　資　産	1,500	（貸）	諸　負　債	780
				資　本　金	150
				繰越利益剰余金	570

（資本連結）

（借）	資　本　金	150	（貸）	S　社　株　式	920
	繰越利益剰余金	570			
	の　れ　ん(※)	200			

（※）　貸借差額。暫定的な会計処理の確定により取得原価の配分額を見直した場合には，企業結合日におけるのれんの額も取得原価が再配分されたものとして会計処理を行う（企業結合・事業分離適用指針70）。

ポイント

株式の取得対価の調整に伴い，資本連結仕訳の貸借差額によって算定されるのれんの金額が見直されることとなる。

Column
3
多額の買収プレミアムを支払う場合の会計上の留意点

　近年の企業買収では，TOB合戦により当初買付価格を大幅に引き上げられたり，オークション方式による入札合戦の末に落札額が高騰するケースも少なくありません。

　取得者側のビジネス上の観点から，見込まれるシナジー効果や逸失利益を考慮し，買収プレミアムを上乗せして買収価格を引き上げることもあり得ますが，買収プレミアムと被取得企業の識別可能資産及び負債の時価との関連性は通常ないため，買収プレミアムはすべてのれんとして計上されることになります。

　この買収プレミアムによって増額するのれんについて，買収プレミアムを支払う経済的合理性を慎重に検討したうえで，会計実務上，以下の点に留意する必要があります。

- オークションや入札プロセスにより被取得企業の時価総額を超えた多額の買収プレミアムの支払の事実は，それ自体が「固定資産の減損に係る会計基準」の適用上，減損の兆候が存在すると判定される可能性があること（企業結合会計基準109）。
- のれんの償却期間はシナジー効果の発現期間や投資回収期間（企業結合・事業分離適用指針382）を参考にして決定されるものの，20年が上限とされていること（企業結合会計基準32）。

のれんに対する税効果会計の取扱い

! 税務上ののれん（資産（負債）調整勘定）が発生したが，会計上ののれんに税
　効果会計が認識されないことと同様に，関連する繰延税金資産（負債）の計上
　が漏れてしまった。

❶ 設例（よくある誤り）

　A社は，X1年4月1日にX事業をA社グループ外であるB社に対して，会
社分割により現金3,100で移転させた。本件会社分割は，税務上，非適格会社
分割と判定された。

★A社の誤り

　非適格会社分割により発生した税務上ののれん（資産（負債）調整勘定）に
ついて，会計上ののれんは取得原価の配分残余であることから，のれんに対し
て税効果を認識しないことと同様に税効果を認識しないと考え，税務上ののれ
ん（資産（負債）調整勘定）に対して繰延税金資産（負債）を計上しなかった。

> **ここに注意！**
>
> 　税務上ののれん（資産（負債）調整勘定）は将来減算（加算）一時差異となるため，
> 会計上ののれんと異なり，税効果を認識する。

❷ 解　説

　会計上ののれんについて配分残余という性格上，税効果を認識すると，のれ
んに対する税効果が識別されることにより配分残余であるのれんが変動し，こ
れに対する新たな税効果が識別され，循環してしまい配分残余が定まらなくな
ることから，税効果は認識しないとされています（企業結合・事業分離適用指
針72，378-3）。

一方，企業結合が税務上の非適格組織再編に該当すると，企業結合当事者のうち受入会社側で，当該対価と受入純資産（税務上の時価）との差額が，資産（負債）調整勘定として認識され（法法62の8 I），この資産（負債）調整勘定がいわゆる「税務上ののれん」といわれており，この資産（負債）調整勘定は，将来減算（加算）一時差異に該当することから，税効果を認識しても税務上ののれんの変動を通じた循環がない点，会計上ののれんと取扱いが異なっています（企業結合・事業分離適用指針378-3）。

税効果会計の適用にあたって，まず，将来減算一時差異が発生する場合（資産調整勘定が計上される場合）には，繰延税金資産の回収可能性を検討する必要があり，税務上の償却期間（5年）を考慮したスケジューリングを行うとともに，判定された分類に合わせて，繰延税金資産の回収可能額を算出します。

一方，将来加算一時差異が発生する場合（負債調整勘定が計上される場合），対応する繰延税金負債が計上されますが，将来加算一時差異の解消による将来年度の課税所得に影響を及ぼす点に留意が必要です。具体的には，繰延税金資産の回収可能性を判断するにあたり，将来加算一時差異と将来減算一時差異の将来の年度別の解消見込額との相殺を行うことが求められ（繰延税金資産回収可能性適用指針11(1)～(4)），将来減算一時差異と相殺されたものについては繰延税金資産を計上し，相殺しきれなかった将来減算一時差異については，将来の一時差異等加減算前課税所得の見積額に基づき，回収可能な金額を計上することとなります（繰延税金資産回収可能性適用指針11(5)～(7)）。

❸ 設例（適正な会計処理）

A社は，X1年4月1日にX事業をA社グループ外であるB社に対して，会社分割により現金3,100で移転させた。本件会社分割は，税務上，非適格会社分割と判定された。

簡便化のため，法定実効税率はA社，B社ともに30％とし，繰延税金資産の回収可能性はあるものとする。

企業結合日前日（X1年3月31日）におけるA社及びB社の個別貸借対照表は以下のとおりである。

A社貸借対照表

諸資産	3,700	資本金	1,200
Ｘ事業関連資産	1,500	資本剰余金	1,000
		利益剰余金	3,000

B社貸借対照表

現金預金	3,100	資本金	100
		資本剰余金	3,000

◆X1年4月1日の仕訳

（A社）

（借）現 金 預 金	3,100	（貸）	Ｘ事業関連資産	1,500
			事 業 売 却 益	1,600

（B社）

（借）Ｘ事業関連資産	2,000	（貸）	現 金 預 金	3,100
の れ ん^(※2)	770			
繰 延 税 金 資 産^(※1)	330			

（※1） 本件は非適格会社分割であることから，分割対価3,100と受け入れたＸ事業関連資産の時価2,000の差額1,100が税務上，資産調整勘定となる。資産調整勘定は将来減算一時差異となるため，法定実効税率30％を乗じた330が繰延税金資産の計上額となる。

（※2） 貸借差額。

ポイント ⟩ ⋯⋯⋯⋯⋯⋯⋯⋯⋯⋯⋯⋯⋯⋯⋯⋯⋯⋯⋯⋯⋯⋯⋯⋯⋯⋯⋯⋯⋯⋯⋯⋯⋯⋯⋯⋯

　会計上ののれんは，税務上ののれんに係る繰延税金資産（負債）を計上したうえで，配分残余として算定される。

⋯⋯⋯

ケース31

決算期の異なる会社を当該会社の決算日以外で取得した場合の連結財務諸表の作成方法

> ❗ みなし取得日を適用し1月末に取得したものとみなして資本連結を実施し，12月末の第3四半期連結財務諸表をS社の財務諸表を含めずに作成してしまった。

❶ 設例（よくある誤り）

P社は3月決算，S社は1月決算である。

P社は，X1年11月末にS社株式の100％を取得しS社を連結子会社化した。

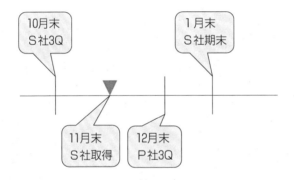

★P社の誤り

P社は，「連結財務諸表に関する会計基準」（注5）^(※)に基づいて，取得日の前後のS社の決算期である10月31日または1月31日に取得したとみなして処理を行うことができると考えた。P社は，S社を子会社化したのが1月31日であるとみなして処理を行ったため，12月31日時点ではS社を連結の範囲に含めてはいけないと考え，P社の第3四半期連結財務諸表においてP社の個別財務諸表に計上しているS社株式を投資有価証券として表示し，S社の財務諸表数値を含めずに作成してしまった。

（※）　連結財務諸表に関する会計基準（注5）

> 　支配獲得日，株式の取得日又は売却日等が子会社の決算日以外の日である場合には，当該日の前後いずれかの決算日に支配獲得，株式の取得又は売却等が行われたものとみなして処理することができる。

ここに注意！ ···

　連結の範囲は親会社の決算日時点で判断するため，みなし取得日が親会社の決算日より後であったとしても，親会社が決算日時点で子会社株式を保有している場合，子会社を連結の範囲に含める必要がある。

···

❷　解　説

　みなし取得日とは，子会社の支配獲得日，株式の取得日または売却日等が子会社の決算日以外の日である場合に，当該日の前後いずれかの（子会社の）決算日に支配獲得，株式の取得または売却等が行われたものとみなして処理した場合の当該日のことをいいます（連結会計基準（注5））。なお，この場合の決算日には四半期決算日または中間決算日も含まれます（資本連結実務指針7）。

　P社は，11月末にS社を取得しているので，S社の決算日である10月末または1月末をみなし取得日として処理することが認められます。しかしながら，上述の連結会計基準（注5）におけるみなし取得日の定めは，子会社の資産及び負債の評価に係る処理について定められたものとなっており，連結の範囲の期ズレを容認する定めとはなっていません。連結財務諸表は，親会社の決算日におけるすべての子会社を連結の範囲に含めることが原則となっています（連結会計基準13）。

　すなわち，本設例の取得企業であるP社はS社株式を11月末に取得しているため，S社は11月末時点において，P社の子会社となります。そのため，P社連結財務諸表の第3四半期末日（12月末）において，S社は連結の範囲に含まれることになり，みなし取得日の定めを適用するとしても，この連結財務諸表にS社の財務諸表を取り込む必要があるものと考えられます。ただし，12月末時点はみなし取得日の前であるため，S社の貸借対照表のみを取り込むこと

なります。

❸　設例（適正な会計処理）

　P社は3月決算，S社は1月決算である。

　P社は，S社株式の100％をX1年11月末に取得し，S社を連結子会社化した。
P社とS社間の取引は行われていない。

P社

1Q			2Q			3Q			4Q		
4	5	6	7	8	9	10	11	12	1	2	3

S社

1Q			2Q			3Q			4Q		
2	3	4	5	6	7	8	9	10	11	12	1

みなし取得 ← S社株式 ← みなし取得

　P社3Q連結財務諸表（X1年12月末）におけるS社財務諸表の取扱いについ
て，原則的な処理と容認される処理をまとめると下表のとおりとなる。

	資本連結処理		決算日の差異の取扱い		第3四半期連結財務諸表に取り込むS社の財務諸表
①	原則	みなし取得日を適用しない場合（11月末取得）	原則	12月末に仮決算を行う	P/L・C/F：12/1～12/31 B/S：12/31
②	原則		容認	決算日の差異が3ヵ月以内であるため重要な連結会社間取引を調整したうえで子会社の決算（10月末（S社3Q））を基礎として連結する	P/L・C/F：— B/S：11/30 （子会社の10/31の決算を基礎とするが連結初年度の資本連結基準日が11/30であるため）
③	容認	みなし取得日を適用する（1月末とす	原則	12月末に仮決算を行う	P/L・C/F：— B/S：12/31
④	容認		容認	決算日の差異が3ヵ	P/L・C/F：—

		（る場合）		月以内であるため重要な連結会社間取引を調整したうえで子会社の決算（10/31（S社3Q））を基礎として連結する	B/S：12/31 （子会社の10/31の決算を基礎とするが、みなし取得日が翌1/31である。ただし、P社3Qが12/31であるため、期をまたぐことはできず、12/31を取り込む必要がある）
⑤	容認	みなし取得日を適用する（10月末とする場合）（※）	原則	12月末に仮決算を行う	P/L・C/F：11/1～12/31 B/S：12/31
⑥	容認		容認	決算日の差異が3ヵ月以内であるため重要な連結会社間取引を調整したうえで子会社の決算（10/31（S社3Q））を基礎として連結する	P/L・C/F：— B/S：10/31

（※） 連結決算上はみなし取得の考えにより子会社の決算日前後に株式を取得したとみなして連結決算を行うことができるが、その日は「企業結合の主要条件が合意されて公表された日以降としなければならない」（資本連結実務指針7）ため、決算日の前をみなし取得日とする場合には留意が必要。

それぞれの損益計算書（売上高と売上原価のみ）は以下のとおりである。

＜X1年2月1日～X1年10月31日＞

S社損益計算書

売上原価	150	売上高	180

＜X1年2月1日～X1年11月30日＞

S社損益計算書

売上原価	180	売上高	230

＜X1年2月1日～X1年12月31日＞

S社損益計算書

売上原価	200	売上高	350

＜X1年4月1日〜X1年12月31日＞

P社損益計算書

売上原価	750	売上高	1,000

① みなし取得日を採用せずに取得日は11月30日として，11月末におけるS社の財務諸表で資本連結を行う。12月末の仮決算を連結するため，12月末の連結財務諸表には，S社の11月1日〜12月31日までのP/L，C/F，12月末のB/Sが連結される（C/F及びB/Sは省略。以下同様）。

連結損益計算書（3Q累計）

売上原価[※1]	770	売上高[※2]	1,120

（※1）　P社750＋S社12/1〜12/末20（＝200−180）
（※2）　P社1,000＋S社12/1〜12/末120（＝350−230）

② みなし取得日を採用せずに取得日は11月30日として，11月末におけるS社の財務諸表で資本連結を行う。決算日の差異が3ヵ月以内であるため，重要な連結会社間取引を調整したうえで10月末の決算を基礎として連結することができる。このとき，子会社の10月末の決算を基礎とするものの，連結初年度の資本連結基準日がみなし取得日の11月末であるため，11月末のB/Sのみが連結される。

連結損益計算書（3Q累計）

売上原価	750	売上高[※3]	1,000

（※3）　P社1,000のみが計上される。

③④ みなし取得日を1月31日として，1月末におけるS社の財務諸表で資本連結を行う。P社は，実際に11月30日にS社を取得しているので，12月末（P社の3Q末）の連結財務諸表にS社の12月末のB/Sを取り込む必要がある。また，12月末で仮決算を行った場合には，S社の12月末のB/Sを取り込む必要がある。

連結損益計算書（3Q累計）

売上原価	750	売上高(※4)	1,000

（※4）　P社1,000のみが計上される。

⑤　みなし取得日を10月31日として，10月末におけるS社の財務諸表で資本連結を行う。12月末の仮決算を連結するため，12月末の連結財務諸表には，S社の11月1日～12月31日までのP/L，C/F，12月末のB/Sが連結される。

連結損益計算書（3Q累計）

売上原価	800	売上高(※5)	1,170

（※5）　P社1,000＋S社11/1～12/末170（＝350－180）

⑥　みなし取得日を10月31日として，10月末におけるS社の財務諸表で資本連結を行う。決算日の差異が3ヵ月以内であるため重要な連結会社間取引を調整したうえで10月末の決算を基礎として連結することができる。この時，連結初年度の資本連結基準日がみなし取得日の10月末であるため，10月末のB/Sのみが連結される。

連結損益計算書（3Q累計）

売上原価(※6)	750	売上高(※6)	1,000

（※6）　P社1,000のみが計上される。

┌─────┐
│ ポイント ▷ ┊┊┊┊┊┊┊┊┊┊┊┊┊┊┊┊┊┊┊┊┊┊┊┊┊┊┊┊┊┊┊┊┊┊┊┊┊
└─────┘

　取得の会計処理を行う場合，みなし取得日の考え方が容認されており，取得日の前後いずれかの子会社の決算日に取得したとみなして連結決算を行うことができる。資本連結における「取得日」や内部取引消去における「決算日の差異の取扱い」には，それぞれ原則・容認の定めがあり，連結財務諸表に取り込む子会社の財務諸表の範囲に留意が必要である。

┊┊

Column
4

「売る」側の企業の会計処理

　吸収合併や株式取得による子会社化などの組織再編においては，吸収合併や子会社化をする企業，いわば「買う」側の企業の相手として，必ず，吸収合併や子会社化される企業の所有者，いわば「売る」側の企業がいます。本書では，主に，「買う」側の企業の会計処理，すなわち企業結合の会計処理に関する論点を取り扱っていますが，当然ながら，「売る」側の企業の会計処理にも論点はあります。その主要な論点は，譲渡（または交換）する事業（または株式）から「移転損益（または交換損益）が認識されるかどうか」です。

　「買う」という行為と「売る」という行為は対であるため，その会計処理も対称的になると思われがちですが，常にそうなるとは限りません。「事業分離等に関する会計基準」においても，各企業の会計処理が，取引の相手企業の会計処理と常に対称となるわけではなく，個々の企業の判断によって行われることが示されています（事業分離等会計基準72）。極端な例をいえば，「買う」側の企業において，特定の組織再編が取得に該当しパーチェス法が適用されていたとしても，「売る」側の企業において，当該組織再編について売却の会計処理が行われ移転損益や交換損益が認識されるとは限らないということです。

　「企業結合に関する会計基準」では，企業結合に該当する取引を対象とし，分離先企業（「買う」側の企業）を中心に会計基準が定められています。それでは，「売る」側の企業の会計処理はどのような考え方に基づき決定されるのでしょうか。この点，「事業分離等に関する会計基準」では，事業分離における分離元企業（「売る」側の企業）は，一般に事業の成果をとらえる際の投資の清算・継続という概念に基づき，実現損益を認識するかどうかを考える旨が示されています（事業分離等会計基準74）。つまり，事業分離により，投資が清算していれば損益を認識し（受取対価は時価により計上する），投資が継続していれば損益を認識しない（受取対価は移転事業の帳簿価額を引き継ぐ）ことになります。

　投資が継続しているとみるか，清算されたとみるかにより会計処理を分ける考え方を実務に適用するためには，観察可能な具体的要件が必要となります。この点，「事業分離等に関する会計基準」では，観察可能な具体的要件として，対価が移転した事業と異なるかどうかという「対価の種類」が示されています（事業分離等会計基準75）。すなわち，受取対価の種類に照らして，これまでの投資の性格に変化があったのかどうかに基づき，損益の認識を判断します。

　より具体的には，例えば，事業分離の場合には，受取対価の種類（現金等の財産，株式）と事業分離後の分離先企業との関係に照らして，通常，下表のように判断されます。

受取対価 / 分離先企業	現金等の財産	株式
子会社	移転損益を認識する^(※)	移転損益を認識しない
関連会社		
上記以外の会社		移転損益を認識する

（※）　現金等の財産を受取対価として子会社に対して事業分離を行った場合，共通支配下の取引（結合当事企業（または事業）のすべてが，企業結合の前後で同一の株主により最終的に支配され，かつ，その支配が一時的ではない場合の企業結合）に該当することから，本来的には移転損益を認識するべきでないと考えられますが，対価としての現金等の財産を分離元の帳簿価額により引き継ぐ結果として，移転損益を認識せざるを得ないことになります。なお，当該移転損益は，連結財務諸表作成上，内部取引として消去されます。

　なお，受取対価が現金等の財産と分離先または結合企業の株式とのミックスである場合や，重要な継続的関与がある場合など，別途検討が必要な要素もあります。

　組織再編においては「買う」側ばかりでなく，「売る」側の会計処理の検討も必要となることがあります。このような検討に備えて，「売る」側の会計処理の考え方には，相手方の会計処理と必ずしも対称的な会計処理とはならないことや，投資の清算・継続といった会計の基礎的な概念があることを心の片隅にとどめておくとよいかもしれません。

§ **3**

実行後の検討ポイント

M&Aや組織再編に係る会計実務は，実行して終わりではありません。M&Aや組織再編の対象となる会社によって，採用している会計方針や決算日が相違する等により，連結決算における調整が発生し，実務が煩雑となることがあります。M&Aや組織再編によって，その後の決算実務にどのような影響があるのかを事前に把握し，決算をスムーズに実行するための対応方針を決めておくことが大切です。

本セクションでは，PMI（Post Merger Integration）や決算期変更など会計実務上，検討を行ううえでのポイントを解説します。

ポイント9

PMI業務における会計実務上の検討論点

➡新たに取得した子会社について，会計実務上どのような統合業務の検討が必要
か？

❶ 設 例

　P社（3月決算）は，X1年4月1日に海外企業であるS社（12月決算）を
買収し，子会社化した。X2年3月期のP社の連結財務諸表上，連結子会社と
してS社の決算数値を反映するにあたり，会計上どのような統合や手順が必要
なのか検討を行っている。

❷ 解 説

　本ケースは，M&Aにより海外子会社を取得するケースとしてよく見られる
ものですが，M&A成立後の会計実務面に関するPMI（Post Merger Integra-
tion）業務の進め方については，その海外子会社の決算体制や会計基準の適用
状況によって多種多様となります。

　ここで，親会社であるP社は，連結財務諸表を作成する会社であることから，
同一環境下で行われた同一の性質の取引等については，親会社及び子会社が採
用する会計処理の原則及び手続は，原則として統一することとされています
（連結会計基準17）。また，新規に取得したS社は，他のP社の既存子会社と同
様にP社グループの連結決算プロセスに適応するための体制を構築していく必
要があります。

　一般的なPMI業務の進め方としては，以下のような事項が挙げられます。

1 予備調査

　予備調査においては，S社及びそのグループ会社が実際に採用している会計
基準や決算体制の内容及び対応能力について現状分析を行うことにより詳細を
把握します。特に海外の場合，現地の会計基準に基づき財務諸表が作成されて

いるときには、日本の会計基準や国際財務報告基準（以下「IFRS」とする），米国会計基準との差異としてどのようなものがあるかを把握する必要があります。

2 会計方針の検討及び連結会計方針の統一

上述の調査の結果，把握したＳ社の会計方針とＰ社が採用する連結会計方針の差異内容を特定し，連結上の会計方針に沿った修正内容を検討する必要があります。

例えば，資産の評価基準や同一種類の繰延資産の処理方法，引当金の計上基準及び営業収益の計上基準については，統一しないことに合理的な理由がある場合または重要性がない場合を除いて，親子会社間で統一する必要があります。一方で，資産の評価方法（棚卸資産の先入先出法，平均法等）や固定資産の減価償却の方法については，本来統一することが望ましいですが，事務処理の経済性等を考慮し，必ずしも統一する必要はありません（監査・保証実務委員会実務指針第56号「親子会社間の会計処理の統一に関する監査上の取扱い」参照）。

仮に，Ｓ社がIFRSまたは米国会計基準に基づいた財務諸表を作成している場合には，IFRSまたは米国会計基準に基づいた財務諸表を連結手続上利用できるとされていますが，その場合であっても次の５項目やこれらの項目以外であっても明らかに合理的ではないと認められる場合には，連結決算手続上で修正を行う必要があります（「連結財務諸表作成における在外子会社の会計処理に関する当面の取扱い」参照）。

---

① のれんの償却
② 退職給付会計における数理計算上の差異の費用処理
③ 研究開発費の支出時費用処理
④ 投資不動産の時価評価及び固定資産の再評価
⑤ 資本性金融商品の公正価値の事後的な変動をその他の包括利益に表示する選択をしている場合の組替調整

これらの項目について修正が求められる趣旨は，我が国の会計基準とIFRS

または米国会計基準に乖離が生じているものであり，一般にこの乖離による差異には重要性があるため，海外子会社の修正なしに連結財務諸表に反映することは合理的でなく，その修正に実務上の支障は少ないと考えられたことによります。

3　決算日ズレへの対応

連結会計期間は，親会社の会計期間となることから，子会社の決算日についても親会社の決算日と統一することが原則的な方法になります。しかし，子会社の決算日と連結決算日の差異が3ヵ月を超えない場合には，一定の調整を行ったうえで子会社の正規の決算を基礎として連結決算を行うことができるとされています（連結会計基準（注4））。

本ケースでは，新規取得したS社の決算期が12月期であるのに対し，親会社P社は3月決算であることから，決算日の差異が3ヵ月を超えていないことから，この期間における重要な不一致がなければ，S社のX1年12月決算の数値をP社のX2年3月決算にそのまま取り込むことが可能です。一方で，S社の決算期を親会社の決算期に合わせるための方法として，①仮決算を行う方法（S社がX2年3月末にて正規の決算に準じた決算を行う）②子会社であるS社の決算日を親会社であるP社の決算日に合わせる方法（決算期の統一）とがあります。

仮決算を行う場合と，決算期を統一する場合では，以下の4点においてメリットとデメリットが生じることから，各々の長所・短所を勘案して自社に最も適合する方法を採用することが望ましいと考えられます。

(1)　初期対応コスト

仮決算を行う場合，会計処理の検討や監査人との諸調整が必要となります。一方で決算期（決算日）を統一する場合，仮決算同様の対応に加え，定款変更等の法的手続や役所への各種届出等が必要となります。さらにシステムの改修等が必要となる可能性もあることから，仮決算に比べて初期コストは大きいと考えられます。

(2)　決算早期化コスト

　仮決算を行う場合，その程度に応じて決算早期化対応の程度が決まる点に留意が必要です。仮にS社が正規の決算である12月期決算と同様の処理を3月期決算として行う場合，決算早期化コストの負担も大きくなると考えられます。これは，決算期（決算日）を統一する場合でも同程度のコスト負担が生じるものと考えられます。

(3)　決算の精度

　仮決算を行う場合，その程度によって連結決算の精度は異なりますが，仮に正規の決算と同様の処理により仮決算を行う場合には，X2年3月期のP社の連結決算の精度は高くなり，より経済的実態を適切に表す連結財務諸表の作成が可能になります。また，決算期（決算日）の統一による場合，X2年3月期として正規の決算と同等の決算を行うことから，X1年12月期の決算から調整を行う場合よりも経済的実態を適切に反映した連結財務諸表の作成が可能となります。

(4)　将来の作業コスト

　仮決算を行う場合，将来にわたり年間二度の決算処理を行っていくことになるため，作業コストの観点からは経済的ではないと考えられます。監査人による会計監査も仮決算と本決算のそれぞれについて実施する可能性があり，監査対応にかかる工数の増加や監査費用の増加が見込まれます。一方で，決算期（決算日）を統一する場合，仮決算のように年間二度の決算処理を行うことは想定されず，決算期変更後は通常の決算作業のみとなることから，将来的な経済効果は高いと考えられます。

【決算日ズレへの各対応方法の比較検討表】

項　目	仮決算	決算期統一	従来のまま
初期対応コスト	△ 会計処理の検討や監査人との調整が必要	× 会計処理の検討や監査人との調整が必要。また，決算期変更に伴う法定手続等への対応コストが生じる	○ 発生しない
決算早期化対応コスト	△ コスト負担の大小は仮決算の程度による	× 特に海外子会社の早期化コスト負担大	○ 発生しない
決算の精度	○ 経済的実態に合った財務諸表作成可能（仮決算の程度による）	○ 経済的実態に合った財務諸表作成可能（仮決算の程度による）	× 連結決算の精度は他の方法に比して低い
将来コスト	× 本決算と仮決算の二度の決算処理の実施及び監査を受ける必要あり	○ 一度変更すればその後は通常の決算作業のみとなる	× 連結会社間で生じた重要な取引については将来的にも調整が必要

▶ ここに注意！ ....

　親会社がIFRS適用会社である場合，日本基準のような3ヵ月以内の決算日の差異が容認されておらず，親会社と同一の報告日の財務情報の作成が実務上不可能な場合に限定されます。また，実務上不可能な場合に該当し子会社の直近の財務情報を連結財務諸表の作成に用いる場合には，異なる期末日（3ヵ月以内）の間に生じた取引や事象のうち，連結会社間取引だけでなく連結外部取引を含む重要な影響を及ぼすものについては修正する必要があります（IFRS10.B92，B93）。

....

【決算日ズレに関する日本基準とIFRSの主要な差異】

項　目	日本基準	IFRS
親会社と子会社の決算日の差異	３ヵ月以内であれば容認	親会社と同一の報告日の財務諸表の作成が実務上不可能な場合のみ例外的に容認（ただし，決算日の差異が３ヵ月を超えることはできない）
決算日に差異がある場合の子会社財務諸表の調整対象	連結会社間の取引に係る会計記録の重要な不一致	連結外部との取引も含めたすべての重要な取引及び事象

4　連結パッケージの収集体制の構築

　親会社であるＰ社は連結財務諸表を作成するために必要な資料を連結パッケージとして子会社Ｓ社に提供し，連結仕訳や連結キャッシュ・フロー仕訳を計上するために必要な基礎情報を収集する必要があります。連結パッケージにはさまざまな入力項目があり，また子会社によっては作成担当者の能力にバラツキがあることが多く担当者が変わる可能性もあることから，連結パッケージ作成の正確性を一定水準に保持する観点から作成マニュアルの整備や作成に関する説明会を実施することが効果的です。

5　子会社の個別決算スケジュールの調整と連結報告体制の構築

　子会社であるＳ社は，新たにＰ社の連結子会社になるため，従来の個別財務諸表上の決算スケジュールではなく，親会社の連結決算スケジュールに間に合うように決算スケジュールを組む必要があります。

　日本の上場会社の場合，年度決算では期末日後３ヵ月以内（四半期決算では期末日後45日以内）に有価証券報告書（四半期報告書）を提出する義務があります（金商法24(1)，24の４の７(1)）。一方，連結子会社の親会社に対する報告は，子会社決算日と連結決算日に差異がある場合には，子会社の決算日から１～２ヵ月程度経過した後に行われることが多く，さらに海外子会社のうち連結パッケージの作成目的でIFRSや米国会計基準を採用している会社においては，

通常の決算処理に加え，親会社において，2に記載した実務対応報告第18号「連結財務諸表作成における在外子会社の会計処理に関する当面の取扱い」に従い，子会社の財務諸表の修正手続が必要となります。

そのうえで，親会社P社の連結決算スケジュールに間に合うように，連結パッケージ等の親会社への報告・提出スケジュールを設定のうえ，適時適切に親会社が連結決算を行うことができるよう子会社側の内部統制を構築していくことにより連結報告体制を構築する必要があります。

6　子会社の決算早期化

5に記載のとおり，新規の連結子会社であるB社は親会社の連結決算スケジュールに間に合うように個別の決算スケジュールを調整のうえ，親会社への報告体制を構築していく必要がありますが，従来子会社が比較的余裕をもって実施していた決算処理や棚卸資産実地棚卸のフォローアップ，連結パッケージ作成，期末監査対応等について，開示スケジュールに合わせて早期化する必要性が生じることもあります。特に，親会社がIFRSを導入しているようなケースにおいては，親会社と子会社の決算日を連結財務諸表作成目的上，統一することが必要となるため，子会社の決算早期化が非常に重要な鍵となると考えられます。

しかし，海外の子会社においては現地とのコミュニケーションに時間を要したりするケースや，経理人員リソースやスキル不足等，決算早期化に対するさまざまな障壁があることが考えられ，定型化された決算早期化の進め方は存在しません。

一般的には，現状調査により，経理体制，業務プロセス及び決算スケジュール等を把握することで，ボトルネックとなっている阻害要因を特定し，その対応策を検討のうえトライアルを繰り返していくことで少しずつ改善していくような長期間にわたるプロジェクトであり，かつ，さまざまな関係者を巻き込むことが多く，一朝一夕に達成できるものではないため決算早期化の検討にあたっては留意が必要となります。決算早期化検討の例としては，従来手作業で行っており工数が多大にかかっていた業務の一部をシステム化することなどの対応策を講じることが考えられます。

> ┌ポイント┐..
>
> 　子会社化後，ただちにPMI業務を効果的・効率的に進めるには，子会社化の意思決定後，取得日までの間に，課題となる論点の整理や対応策を検討することが望まれる。
>
> ....

ポイント10

決算期変更を行う場合の会計処理及び開示上の留意点

➡決算期が異なる子会社を取得したため，決算期の統一を予定しており，会計処理や開示がどのように異なるのか検討している。

① 設 例

　A社（3月決算）は，X0年12月にB社（12月決算）を子会社化している。従来，A社とB社の決算日の差異が3ヵ月を超えないことから，B社の財務諸表についてはB社の決算日に基づき連結決算が行われている。

　グループ全体の業績を適時的確に把握及び開示し，経営の透明性を向上させることを目的として，X2年3月期において，B社の決算期を12月から3月に変更することを予定しており，この場合，どのような会計処理が必要となるか検討を行っている。

【子会社B社の決算期変更イメージ図】

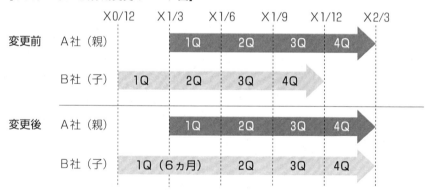

❷ 解 説

1 決算期を変更した場合の具体的な会計処理

　連結子会社の決算日が親会社の決算日と異なる場合，原則として連結子会社は連結決算日において正規の決算に準ずる合理的な手続により決算を行う必要があります（連結会計基準16）。ただし，連結子会社の決算日と連結決算日の差異が3ヵ月を超えない場合には，一定の調整を行ったうえで連結子会社の正規の決算を基礎として連結決算を行うことができます（連結会計基準（注4））。

　本設例においては，連結子会社B社の決算日（X0年12月末）と連結決算日（X1年3月末）の差異が3ヵ月を超えないことから，例外的な処理としてX1年3月期の連結財務諸表上，X0年12月末決算を基礎として連結決算を行っています。

　ここで，B社が決算期を12月から3月に変更した場合，連結子会社B社の決算は，親会社のX2年3月期決算において，15ヵ月分が取り込まれることになります（X1年4～6月の第1四半期決算においてX1年1～6月の6ヵ月分が取り込まれることになります）。

　このとき，B社のX1年1月からX1年3月までの損益については次の2つの方法があります（比較情報研究報告Ⅱ6のA(3)）。

ケース1 利益剰余金で調整する方法

　本ケースの場合，連結子会社B社のX1年1月からX1年3月までの純損益のうち親会社A社に帰属する持分は，連結株主資本等変動計算書（S/S）の利益剰余金の部に「決算期の変更に伴う子会社剰余金の増加高（または減少高）」等の適切な科目をもって表示します。

　また，その他の包括利益累計額や非支配株主持分の増減額についても，同様に連結株主資本等変動計算書において直接加減され，その他の包括利益や非支配株主に帰属する当期純利益（損益計算書項目）は計上されません。この場合，連結損益計算書に含まれるB社の収益及び費用はX1年4月からX2年3月まで（第1四半期はX1年4月からX1年6月まで）となります。

　本ケースの場合，連結子会社Ｂ社のX1年１月からX1年３月までの収益及び費用は，X1年４月からX2年３月まで（第１四半期はX1年４月からX1年６月まで）の収益及び費用とともに，親会社Ａ社のX1年４月からX2年３月まで（第１四半期はX1年４月からX1年６月まで）の連結損益計算書に含めて処理されます。

　すなわち，X2年３月期の年度決算においては15ヵ月，第１四半期においては６ヵ月の子会社の収益及び費用が連結業績に含まれることになります。また，この方法を採用した場合，その他の包括利益についても同様に連結包括利益計算書（OCI）に表示されます。

　なお，決算期を変更した連結子会社Ｂ社が連結上の「のれん」を計上していた場合，新規に連結した子会社に対するのれんの償却開始時期を子会社の損益計算書が連結される期間に合わせるとする考え方（連結財務諸表における資本連結手続に関する実務指針62-2）を準用し，のれん償却額を計上することになるものと考えられます。

	ケース１	ケース２
Ｂ社のX1年１月〜X1年３月の損益調整方法	連結株主資本等変動計算書の利益剰余金にて調整	連結損益計算書及び連結包括利益計算書の各損益項目に含めて調整
のれん償却額	上記同様	上記同様（販管費に計上）

２　決算期変更を行うタイミング

　連結子会社の決算期の変更は，会計方針の変更には該当しないとされています。このため，原則として期首に変更が行われるというルールの明記はないものの，四半期報告制度や次年度以降の比較情報の有用性等を考慮し，会計方針の変更に準じて期首から決算期を変更することが適当と考えられるとされています（比較情報研究報告Ⅱ６のA⑴)。

　一方，決算期の変更は，会計方針の変更に準じて取り扱われるため，第２四半期以降に決算期を統一（変更）するケースはやむを得ない場合に限られ（比

較情報研究報告Ⅱ6のA(1)なお書き），相応の理由がある稀なケースに限定されることが考えられます（四半期会計基準47-3参照）。

　しかしながら，比較情報研究報告においては，第4四半期において決算日の統一を行うやむを得ない場合もあると考えられると規定されているものの，どのような場合に「やむを得ない場合」に該当するのかが明記されておらず，個々の事情を勘案して慎重に判断することが求められます。

　なお，やむを得ない場合によって第4四半期（年度末）において子会社の決算期変更を行う際には，恣意的に損益を除外することを避けるため，純損益（本設例ではX1年1月からX1年3月の純損益）を利益剰余金で調整する方法は認められず，損益計算書を通して調整する方法のみが認められており，この場合は実施した会計処理の概要のほか，その理由も記載することが適当と考えられます（比較情報研究報告Ⅱ6のA(1)なお書き）。

3　決算期を変更した場合の開示

(1)　比較情報

　本設例においては，連結子会社B社の決算期を12月末から3月末へ変更し，連結財務諸表上，親会社の決算日に統一するケースとなりますが，上述したとおり決算期の変更は会計方針の変更に該当しないことから会計方針を変更したときのような遡及適用は行われず，比較情報は前連結会計年度に係る連結財務諸表の数値（本設例ではX1年3月期の連結数値）をそのまま記載することになります（比較情報研究報告Ⅱ6のA(2)）。

(2)　注記事項

　子会社の決算期を変更するX2年3月期において，親会社A社の決算期間が12ヵ月，連結決算に取り込まれる連結子会社の決算期間が15ヵ月であるような場合，連結会計年度の月数と連結子会社の事業年度の月数が異なることになるため，その旨及びその内容の注記が必要となります（連結財務諸表規則ガイドライン3-3）。

　本設例における各ケースの「その内容」の注記事項に関しては以下の事項が考えられます（比較情報研究報告Ⅱ6のA(3)①，連結財務諸表規則15）。

ケース1	ケース2
利益剰余金で調整する方法を採用している旨	損益計算書を通して調整する方法を採用している旨
子会社B社のX1年1月～3月の間に発生した特別な事象について利害関係者が適正な判断を行うために必要と認められる事項（例：重要な減損損失の計上）	子会社B社のX1年1月～3月の売上高，営業損益，経常損益，税引前当期純利益などの損益に関する情報，その他の包括利益に関する情報（※）

（※） 比較可能性を担保するという観点から，取引高の相殺消去や未実現損益の消去を反映させた数値を開示することが考えられる。

> ポイント ⟩ ···

　子会社の決算期変更の処理にあたっては，2つの調整方法があり，いずれの調整方法を適用するかによって財務諸表数値や開示内容が異なる。また，期中から決算期を変更するタイミングにおいても比較情報研究報告に記載されている「やむを得ない場合」として認められるか否か慎重に検討する必要がある。

···

ポイント11

組織再編に関する会計基準の相違点（IFRSと日本基準）

➡組織再編に関する会計基準についてIFRS（国際財務報告基準）と日本基準でどのように異なるのか？

❶ 設 例

A社は，将来のIFRSの適用を予定しており，今後M&A戦略を展開していくことから，組織再編に関する会計処理に関してIFRSと日本基準でどのような差異があるのかについて検討を行っている。

❷ 解 説

1 両者の組織再編に関する会計基準の概要

IFRSにおける組織再編に関する会計基準として，IFRS第3号「企業結合」が公表されています。この基準の最大の特徴は，企業結合を経済的単一体説に基づく公正価値の交換としてとらえている点にあります。

一方，日本では，組織再編に関する会計基準として「企業結合に関する会計基準」，「事業分離等に関する会計基準」等が2003年に公表されており，IFRSとのコンバージェンスの観点から2008年及び2013年に改正が行われてはいるものの，基本的には親会社説に立脚しつつ一部に経済的単一体説を取り入れている点で概念的に異なっています。

経済的単一体説	親会社説
連結財務諸表を企業集団の財務諸表と位置づけ，企業集団を構成するすべての会社の株主の立場から連結財務諸表を作成する考え方	連結財務諸表を親会社の財務諸表と位置づけ，親会社の株主の立場から連結財務諸表を作成する考え方

したがって，企業結合を原則として取得法（またはパーチェス法）を用いて

会計処理している点では類似しているものの，いくつかの事項については会計処理が異なってくることから留意が必要になります。

2 組織再編に関するIFRSと日本基準の主要な差異

項　目	IFRS	日本基準
企業結合の定義	(IFRS3.付録A) 取得企業が1つまたは複数の事業に対する支配を獲得する取引またはその他の事象。 共同支配企業の形成や共通支配下の取引，事業の結合等にはIFRS第3号は適用されない。	(企業結合会計基準5) ある企業またはある企業を構成する事業と他の企業を構成する事業とが1つの報告単位に統合されること。
企業結合の会計処理	(IFRS3.4) 取得法を適用して各企業結合を会計処理する。	(企業結合会計基準17) 共同支配企業の形成及び共通支配下の取引以外の企業結合は，取得とされ，パーチェス法が適用される。 共通支配下の取引は，原則として移転直前に付された適正な帳簿価額を引き継ぐ。
企業結合で取得した無形資産の取扱い	(IFRS3.B31，IAS38.33) 識別可能な無形資産はのれんとは区別して認識する。なお，企業結合で取得される無形資産については，信頼性のある測定を常に実施できるものとみなされる。	(企業結合会計基準28，29，企業結合・事業分離適用指針59，370) 識別可能な無形資産であり，かつ，その合理的な価額を算定できる場合には，のれんとは分離して認識する。
のれんの測定方法	(IFRS3.19，32) 企業結合ごとに以下のいずれかを選択 • 購入のれんアプローチ • 全部のれんアプローチ	(企業結合会計基準31) 購入のれんアプローチのみ。
のれんの取扱い	(IFRS3.B63(a)，IAS36.88，90) 規則的な償却は行わない。 減損の兆候がなくても毎期1回は減損テストが必要。	(企業結合会計基準32，連結会計基準24) 20年以内の期間にわたり定額法その他合理的な方法による償却が必

		要。 減損の兆候がある場合，減損損失を認識するかどうかを判定。

　IFRS第3号においては，日本基準で定められている「共通支配下の取引」や「共同支配企業の形成」は適用範囲に含まれず，IFRS上，明確な規定が存在しません。一方，企業グループ内の組織再編である共通支配下の取引は，日本企業において頻繁に見られる取引形態であるため，日本基準において詳細に規定されています。この相違は，日本基準が，グループ内の組織再編であっても法的には独立した企業間の取引であることに着目しているのに対して，IFRSでは，法的な形式よりも経済的に独立した企業間の取引であることに着目していることによるものと考えられます。

　そのため，IFRS適用時において，企業は共通支配下の取引について「持分プーリング法（簿価引継法）」または「取得法」のいずれかの処理を選択適用することを決定し，継続して適用する必要があります。

　なお，取得法を選択する場合には，企業集団内の資産及び負債を時価評価してのれんを認識することになりますが，こののれんがいわゆる自己創設のれんではないというためには，経済的な取引実態が存在しなければならないと考えられています。そのため，親子間合併で対価が株式のみである場合や無対価の場合には，経済的な取引実態が存在しないと判断され，持分プーリング法を採用することが妥当であると考えられます。

ここに注意！

　IFRS適用時において，共通支配下の取引について「持分プーリング法（簿価引継法）」または「取得法」のいずれかの処理を選択適用できるが，経済的な取引実態と整合している必要がある。

3　連結上の持分増減に関するIFRSと日本基準の会計処理

　合併や株式分割等さまざまな組織再編を行うことにより，連結財務諸表上において支配の喪失を伴わない子会社の持分が増減する場合や，支配の喪失に伴

い関連会社となる場合や連結対象外になってしまう場合が考えられます。

　この点，上記のような会計処理は，IFRSにおいては，IFRS第10号「連結財務諸表」やIAS第28号「関連会社及びジョイント・ベンチャーに対する投資」，日本基準においては「連結財務諸表に関する会計基準」，「事業分離等に関する会計基準」に各々規定されており，組織再編後に支配の喪失や持分変動が生じた場合の会計処理についてもいくつかの点で異なってきます。

　特に，親会社が子会社に対する支配を喪失した結果，その子会社が関連会社となる場合，日本基準上は持分法による投資評価額で評価するのに対し，IFRSにおいては支配喪失日の公正価値で認識することから，IFRS適用に伴う損益インパクトが大きくなる点に留意が必要となります。

　上述を含め両基準における主要な差異は，以下のとおりです。

項　　目	IFRS	日本基準
子会社に対する支配の喪失 （子会社➡関連会社，その他）	(IFRS10.25，B97-99) 支配を喪失した日における残余の投資を公正価値で再評価する。	(事業分離等会計基準38，48(1)①，企業結合・事業分離適用指針275，276，287，288(2)) 売却等により関連会社となる場合は持分法による投資評価額で評価し，関連会社以外となる場合は個別財務諸表上の簿価（結合後企業の株式の時価）で評価する。
子会社に対する支配の喪失を伴わない親会社持分の増減 （子会社➡子会社）	(IFRS10.23) 資本取引として会計処理 ※　貸借差額は資本に直接計上されるものの，「資本剰余金」等の明示的な科目の規定はない。また，持分比率の変動に応じてその他の包括利益の再配分が求められる。	(事業分離等会計基準48，38，17-19，39) ①追加取得…取得原価と減少する非支配株主持分との差額を資本剰余金とする。 ②一部売却…売却価額と減少する親会社持分との差額を資本剰余金とする。 子会社計上の評価・換算差額等についても一部売却に応じて非支配株主持分に振り替える。（①の場合は振り替えない）

持分法の適用中止時の取扱い（関連会社➡子会社，関連会社以外）	(IAS28.22) 関連会社でなくなった時点（投資が子会社になった場合を除く）における持分の公正価値をIFRS第9号に基づく金融資産としての当初認識時の公正価値とみなす。	(事業分離等会計基準41(2)，48(1)①，企業結合・事業分離適用指針278(2)，290(2)) 企業結合により，関連会社または共同支配企業に該当しなくなる場合には，これまで持分法を適用していた結合企業または被結合企業の株式は，個別財務諸表上の簿価（結合後企業の株式の時価等）をもって評価する。

　支配の喪失を伴わない子会社に対する投資の部分的処分を行う場合，当該部分的処分の対象となる子会社グループに在外営業活動体が含まれる場合は，その他の包括利益で認識された為替差額の累計額に対する持分割合相当を，当該在外営業活動体の非支配持分に改めて帰属させる必要があります（IAS21.48C）。

　また，企業が子会社に対する残存投資を事後的に処分する場合，この非支配持分に改めて帰属させた為替差額の累計額は，純損益に振り替えてはならないと規定されています（IAS21.48B）。

　なお，上述の取扱いは，その他の包括利益に認識された為替差額の累計額以外の金額についても同様であり，親会社が子会社の追加取得を行った場合にもその他の包括利益の再配分が必要と考えられます。この点，日本基準上は，金融商品会計に関するQ&A Q74において子会社持分を追加取得した際に，その他の包括利益（その他有価証券評価差額金）の再配分を行わない仕訳を例示していることから，IFRS上の取扱いと差異があります。

ポイント

　組織再編に伴い子会社に対する支配を喪失した場合，子会社に対する残余の投資についてはIFRS上，支配喪失日における公正価値で再測定を行う必要がある。また，支配喪失を伴わない子会社の追加取得において，日本基準では親会社と非支配株主との間でその他の包括利益の再配分は求められていないが，IFRSにおいては一部売却と同様その他の包括利益の再配分を行う必要がある。

取得原価の配分（PPA）における棚卸資産の時価

　取得原価の配分にあたり，識別可能資産に棚卸資産が含まれますが，棚卸資産は通常販売目的で保有されており，反復継続的に販売を行っていることから，販売価格を時価と評価するのでしょうか。

　販売価格を時価とした場合，企業結合日時点で保有している棚卸資産を企業結合日以降に販売しても売上高と売上原価が同額計上され，利益が計上されないこととなってしまい，企業結合後の企業の販売成果が反映されないように見えるのではないでしょうか（棚卸資産の時価評価による評価差額分だけのれんが減少しのれんの償却額が減少することによる損益影響は除く）。

　また，取得原価の配分額の算定における簡便的な取扱いとして，適正な帳簿価額と時価との差異が重要でない場合には，適正な帳簿価額を基礎とすることができる（企業結合・事業分離適用指針54，363）とされており，被取得企業の業種や棚卸資産残高の重要性によっては簡便的な取扱いが適用されている場合もあると考えられます。

　この点，海外の実務(※)では，棚卸資産の販売により初めて利益が実現する側面を重視して，販売価格に①販売に要する費用，②被取得企業側の販売努力により獲得される利益の見積額を調整することにより，評価を行っているため，日本基準を適用する場合でも参考になると考えられます。

（※）　EY Financial reporting developments "Business combinations" https://www.ey.com/en_us/assurance/accountinglink/financial-reporting-developments---business-combinations）にて，米FASBにより設立されたThe Valuation Resource Group（VRG）のコメント及びそれに基づくEYの見解

§4

実行後の誤りやすい会計処理

M&Aや組織再編の実行後に新たな会計論点が生じることがあるため，これらの論点を把握する経理決算体制を構築することが大切です。
本セクションでは，PPA（Purchase Price Allocation）の確定処理，株式またはのれんの減損など実行後の会計論点における「よくある誤り」について設例を通じて解説を行い，ケースごとの会計処理のポイントを紹介します。

ケース32

取得原価の配分（PPA）における暫定的な会計処理の確定処理

! 取得原価の配分における暫定的な会計処理の確定による取得原価の配分額の見直しについて，企業結合年度の翌年度の財務諸表のみに反映してしまった。

❶ 設例（よくある誤り）

　P社（3月末決算）は，X1年10月1日にS社（3月末決算）の発行済株式を100％取得し，子会社化した。本件子会社化は取得と判定され，P社は取得企業，S社は被取得企業に該当する。

　P社は，X2年3月31日の決算において無形資産の時価評価が完了しておらず，のれんについては暫定的な会計処理により，その時点で入手可能な合理的な情報に基づき算定した。

　その後，X2年9月30日に無形資産の時価評価が完了したため，暫定的な会計処理の確定により取得原価の配分額が見直され，結果として，のれんの額も見直された。

★P社の誤り

　ただし，P社は，暫定的な会計処理の確定による見直しについて，会計上の見積りの変更であると考え，企業結合年度の翌年度の財務諸表のみに反映してしまった。

ここに注意！ ▶

　暫定的な会計処理の確定が，企業結合年度の翌年度に行われた場合には，企業結合年度に確定していたかのように会計処理を行う。

②　解　説

　取得原価の配分においては，被取得企業から受け入れた識別可能資産及び負債の企業結合時点の時価を算定する必要がありますが，配分手続には時間を要することもあるため，企業結合日以後の決算において配分が完了していなかった場合には，その時点で入手可能な合理的な情報に基づき暫定的な会計処理を行うとされています。この会計処理は企業結合日以後1年以内に行わなければならないとされています（企業結合会計基準28）。

　なお，暫定的な会計処理の対象となる項目は，繰延税金資産及び繰延税金負債のほか，土地，無形資産，偶発債務に係る引当金など，実務上，取得原価の配分額の算定が困難となる項目に限られており（企業結合・事業分離適用指針69），企業結合日以後の最初の決算では，例えば，識別可能な無形資産の計上が行われなかったり，土地が簿価のまま計上されたりすることにより，差額として算定されるのれんについても暫定的なものとなります。なお，のれんの償却期間については，暫定的な会計処理の対象となる項目ではないため，企業結合日以後の決算までに確定させる必要があります。

　その後，<u>企業結合年度の翌年度に，無形資産の計上，時価評価，関連する税効果額の算定などの取得原価の配分が完了，すなわち，暫定的な会計処理の確定が行われた場合には，あたかも，企業結合年度に当該確定が行われたかのように会計処理が行われ，企業結合日におけるのれんの額も取得原価が再配分されたものとして会計処理が行われます</u>（企業結合・事業分離適用指針70，企業結合会計基準（注6））。

　また，企業結合年度の翌年度の財務諸表の比較情報として企業結合年度の財務諸表が表示される場合には，比較情報である企業結合年度の財務諸表に暫定的な会計処理の確定による取得原価の配分額の見直しを反映させます（企業結合会計基準（注6））が，この見直しは「誤謬」（過年度遡及会計基準4(7)，(8)）に該当しないため，企業結合年度の財務諸表の修正再表示は行いません。そのため，企業結合年度（X1年）の財務諸表と，企業結合翌年度（X2年）の財務諸表の比較情報（X1年）は異なった財務諸表となります。

❸ 設例（適正な会計処理）

　P社（3月末決算）は，X1年10月1日にS社（3月末決算）の発行済株式を100％取得し，子会社化した。本件子会社化は取得と判定され，P社は取得企業，S社は被取得企業に該当する。

　法人税率はP社，S社ともに30％とする。

　企業結合日前日におけるP社及びS社の貸借対照表はそれぞれ次のとおりである。

P社貸借対照表

諸資産	3,700	資本金	1,200
S社株式	2,000	資本剰余金	1,000
		利益剰余金	3,500

S社貸借対照表

諸資産	1,500	資本金	500
		利益剰余金	1,000

　企業結合日以後の最初の決算であるX2年3月末決算において，無形資産の時価評価が終了していない。また，のれんは10年で償却するものとする。

◆X2年3月31日（暫定処理）の連結修正仕訳

　① 時価評価

仕訳なし。

　② 資本連結

（借）資　本　金	500	（貸）S　社　株　式	2,000
利益剰余金期首残高	1,000		
の　れ　ん	500		

　③ のれんの償却

（借）の れ ん 償 却(※)	25	（貸）の　れ　ん	25

（※）　のれん500÷10年×6ヵ月/12ヵ月

　その後，企業結合年度の翌年度のX2年9月30日に無形資産の時価評価が完了した。X1年10月1日時点の無形資産として顧客関係が識別され，時価は200，顧客期間の償却期間は既存顧客の逓減率から4年と算定されたため，当該情報に基づき，企業結合日以降の会計処理を行う。

◆X2年9月30日（確定処理）

① 時価評価

| （借） | 顧　客　関　係 | 200 | （貸） | 評　価　差　額 | 200 |
| | 評　価　差　額 | 60 | | 繰延税金負債 | 60 |

② のれんの見直し

| （借） | 評　価　差　額 | 140 | （貸） | の　　れ　　ん | 140 |

③ 顧客関係及びのれんの償却

（借）	利　益　剰　余　金[※1]	25	（貸）	顧　客　関　係	25
	減　価　償　却　費[※2]	25		顧　客　関　係	25
	利　益　剰　余　金[※3]	18		の　　れ　　ん	18
	の　れ　ん　償　却　費[※4]	18		の　　れ　　ん	18
	繰延税金負債[※5]	7.5		利　益　剰　余　金	7.5
	繰延税金負債[※6]	7.5		法人税等調整額	7.5

（※1）　過年度顧客関係償却（X1年10月1日〜X2年3月31日）：200÷4年×6ヵ月/12ヵ月
（※2）　顧客関係償却（X2年4月1日〜9月30日）：200÷4年×6ヵ月/12ヵ月
（※3）　のれん償却（X2年4月1日〜9月30日）：(500−140)÷10年×6ヵ月/12ヵ月
（※4）　過年度のれん償却（X1年10月1日〜X2年3月31日）：(500−140)÷10年×6ヵ月/12ヵ月
（※5）　過年度顧客関係の償却に伴う将来加算一時差異の解消額25×実効税率30%
（※6）　顧客関係の償却に伴う将来加算一時差異の解消額25×実効税率30%

　暫定的な会計処理の確定が行われた年度（X2年度）において，企業結合年度（X1年度）の財務諸表を併せて表示するときには，X1年度に以下の仕訳が反映されたものとして，X1年度の財務諸表を表示する。

（X1年10月1日に行われた顧客関係への配分額を見直す仕訳）

| （借） | 顧　客　関　係 | 200 | （貸） | の　　れ　　ん | 140 |
| | | | | 繰延税金負債 | 60 |

（X2年3月31日（決算日）における顧客関係及びのれんの償却を修正する仕訳）

（借）	減価償却費	25	（貸）	顧客関係	25
	繰延税金負債	7.5		法人税等調整額	7.5
	のれん	7		のれん償却費	7

ポイント

　企業結合年度の翌年度の財務諸表と併せて比較情報が記載される場合には，比較情報（企業結合年度）の財務諸表に暫定的な会計処理の確定による見直しを反映させる。

ケース33

のれんの減損の兆候判定

!　取得した子会社の個別財務諸表上の営業損益により減損の兆候を判定してしまった。

❶　設例（よくある誤り）

　P社は，X1年3月末にS社を買収し，のれんを計上した。

　X3年3月末決算の減損会計の適用にあたり，P社グループでは，P社のX事業，Y事業，S社のZ事業のそれぞれを資産グループとして識別している。

★P社の誤り

　それぞれの事業の個別上の営業利益はそれぞれ以下のとおりであり，そのほか兆候がないことから，減損の兆候を認識しておらず，連結上も同様に減損の兆候を認識しなかった。

	X2年3月期	X3年3月期	判定結果
（P社）X事業	50	55	減損の兆候なし[※]
（P社）Y事業	60	70	減損の兆候なし[※]
（S社）Z事業	20	20	減損の兆候なし[※]

（※）　資産グループが使用されている資産グループから生じる営業活動に係る損益以外にも，減損の兆候（減損会計基準二1）はないものとする。

> ここに注意！ ••
>
> 　個別上で減損の兆候が認識されていなくても，連結上ののれんを含むより大きな単位での資産グループにより判定した場合，減損の兆候が認識される場合もある。
>
> ••

❷ 解　説

　のれんの性質は，事業が有する超過収益力であることから，のれんを事業と切り離して超過収益力部分のみを独立したキャッシュ・フロー生成単位として減損の兆候の有無を判断することができないため，原則として，のれんを含む，より大きな単位で減損の兆候があるかどうかを判断することになります。仮に，のれんを事業の構成要素である各資産グループに配分する場合には当該配分された後の各資産グループの減損の兆候の有無を判断することになります（減損会計適用指針17）。

　のれんの性質は，事業が有する超過収益力であるものの，会計上は投資と資本の差額として計算されるため，複数の事業の超過収益力によりのれんが構成されている場合には，のれんの帳簿価額を合理的な基準に基づき分割する手続が必要となります。のれんの帳簿価額を分割し帰属させる事業の単位は，取得の対価が概ね独立して決定され，かつ，取得後も内部管理上独立した業績報告が行われる単位とされています（減損会計適用指針51(1)）。ここでいう事業の単位とは，通常，資産グループより大きく，開示対象セグメントの基礎となる事業区分と同じ，もしくは事業区分より小さくなると考えられます（減損会計適用指針131）。

　そのため，のれんの減損の兆候を判定するにあたって，減損の兆候の例示である「営業活動から生じる損益又はキャッシュ・フローが継続してマイナスの場合」の「営業活動から生じる損益」には，のれんの計上対象となっている子会社（または事業）の営業損益に連結修正仕訳により計上されるのれんの償却額を加味する必要があります。また，のれんの償却額のみならず，企業結合に係る取得原価の配分手続の結果，識別された資産及び負債の時価と個別上の簿価との差額に関連する損益処理の仕訳や，未実現利益の消去仕訳などの連結修正仕訳も加味する必要があります。

❸ 設例（適正な会計処理）

　P社は，X1年3月末にS社を取得し，のれん300を計上した。のれんは10年で償却する。取得原価の配分手続の結果，識別可能資産及び負債の時価は個別

上の簿価と一致していることから，評価差額は発生していない。

1　個別上の会計処理

　X3年3月末決算の減損会計の適用にあたり，P社グループでは，P社のX
事業，Y事業，S社のZ事業のそれぞれを資産グループとして識別している。
それぞれの事業の個別上の営業利益はそれぞれ以下のとおりであり，その他の
兆候がないことから，減損の兆候を認識していない。

	X2年3月期	X3年3月期	判定結果
（P社）X事業	50	55	減損の兆候なし(※)
（P社）Y事業	60	70	減損の兆候なし(※)
（S社）Z事業	20	20	減損の兆候なし(※)

（※）　資産グループが使用されている資産グループから生じる営業活動に係る損益以外にも，
　　　減損の兆候（減損会計基準二1）はないものとする。

2　連結上の会計処理

　Z事業については，S社ののれん償却額30（300÷10年）が加味されること
から，X2年3月期及びX3年3月期の損益はそれぞれ赤字となることを通じて，
2期連続営業赤字となり，減損の兆候ありと判定された。

	X2年3月期	X3年3月期	判定結果
Z事業（個別）	20	20	減損の兆候なし
のれん償却(※)	△30	△30	―
Z事業（連結）	△10	△10	減損の兆候あり

（※）　連結上，のれん償却以外の未実現利益の発生などの損益修正仕訳はないものとする。

　連結上，減損の兆候ありと判定されたZ事業については，Z事業に属する資
産グループの固定資産簿価にのれんを加算したより大きな単位での資産グルー
プについて減損損失の認識の判定及び測定を行うことになります。

　連結上，のれんが計上されている子会社については，連結上ののれんの償却額を加味した損益を用いて，減損の兆候の判定を行う必要がある。また，PPAの結果，識別された資産及び負債の時価と個別上の簿価との差額に関連する損益処理の仕訳や，未実現利益の消去仕訳などの連結修正仕訳も加味する必要がある。

ケース34

子会社株式の簿価を減損した場合ののれんの会計処理

> ! 個別上，子会社株式を減損したが，連結上ののれんについて減損の兆候がなかったため，のれんについて追加の会計処理は必要ないと判断してしまった。

❶ 設例（よくある誤り）

　X2年3月末の個別決算において，P社は過年度に取得した子会社S1社の株式を回復可能性がないものとして，実質価額まで減損処理した。

★P社の誤り

　一方で，S1社を含む連結上の減損会計における資金生成単位では業績は堅調であり，減損の兆候は認められなかったことから，S1社取得時に生じたのれんについては毎期定額を償却していた。

> **ここに注意！** ....
>
> 　のれんの追加償却は，個別上の子会社株式帳簿価額と連結上の子会社投資帳簿価額を整合させる処理であり，減損とは性質が異なるため，のれんの減損の兆候の有無を問わず，必要となる。
>
> ....

❷ 解　説

　のれんは，P社がS1社の支配獲得時に，S1社に対する投資と対応する資本の相殺消去差額により算定されています。そのため，P社が個別上計上したS1社株式評価損は，S1社株式の取得原価に含まれていた「のれん」相当額を損失処理したことになりますので，連結上も「のれん」の償却を行うことで，個別上と連結上の会計処理の取扱いを整合させることができます。

　そこで，P社の個別上，S1社株式の簿価を減損処理したことにより，減損

処理後の子会社株式簿価が連結上の子会社の資本の親会社持分額とのれん未償却残高（借方）との合計額を下回った場合には，株式取得時に見込まれた超過収益力等の減少を反映するために，子会社株式の減損処理後の簿価と，連結上の子会社の資本の親会社持分額とのれん未償却残高（借方）との合計額との差額のうち，のれん未償却残高（借方）に達するまでの金額についてのれんの純借方残高から控除し，連結損益計算書にのれん償却額として計上します（資本連結実務指針32）。

❸ 設例（適正な会計処理）

1 X1年3月31日

　P社は，X1年3月末にS1社株式を2,000（100％）で取得し，子会社化した。のれんは，翌期より10年で償却するものとする。

【X1年3月31日現在の財務データ（一部）】

P社貸借対照表

諸資産	5,000	諸負債	2,500
S1社株式	2,000	資本金	1,000
		利益剰余金	3,500

S1社貸借対照表

諸資産	1,000	諸負債	600
		資本金	200
		利益剰余金	200

P社連結貸借対照表

諸資産	6,000	諸負債	3,100
のれん	(※1)1,600	資本金	1,000
		利益剰余金	3,500

（※1）　S1社株式取得価額2,000−S1社純資産400

2 X2年3月31日

　X2年3月期決算において，S1社の事業計画の未達に伴う純資産の減少を受

けて，Ｐ社はS1社株式を実質価額（純資産）まで減損処理している。ただし，
のれんの減損の兆候はないものとする。

【X2年 3 月31日現在の財務データ（一部）】

P社貸借対照表

諸資産	5,100	諸負債	2,500
S1社株式(※2)	250	資本金	1,000
		利益剰余金	1,850

（※2） S1社株式実質価額＝S1社個別純資産額250

S1社貸借対照表

諸資産	650	諸負債	400
		資本金	200
		利益剰余金	50

3　連結修正仕訳（一部抜粋）

◆子会社株式の減損戻し

(借)	S 1 社 株 式	1,750	(貸)	子会社株式評価損(※3)	1,750

（※3） 株式の減損額：取得価額2,000－実質価額250＝1,750

◆のれんの償却

(借)	の れ ん 償 却(※4)	160	(貸)	の　れ　ん	160

（※4） のれん取得原価1,600÷10年

◆株式の減損に伴うのれんの追加償却

(借)	の れ ん 償 却 額(※5)	1,440	(貸)	の　れ　ん	1,440

（※5） 個別上の減損後のS1社株式簿価250……(i)
S1社株式の連結上の簿価＝S1取得時資本400＋支配獲得後剰余金△150＋のれん取
得原価1,600－のれん償却累計額160＝1,690……(ii)
(ii)の(i)を超える金額は1,690－250＝1,440となるため，1,440をのれん残高から控除す
る。

【参考：個別上の簿価と連結上の簿価のイメージ図】

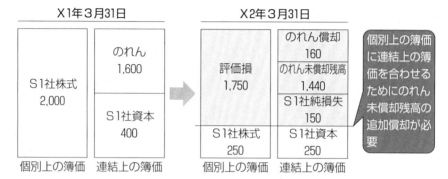

この結果，P社の連結貸借対照表は以下のとおりとなる。

P社連結貸借対照表

諸資産	5,750	諸負債	2,900
のれん	−	資本金	1,000
		利益剰余金	1,850

ケース35

取得に該当する株式移転の直後に実施された，株式移転完全子会社から利益剰余金の分配を受けた場合の会計処理

> ❗ 取得に該当する株式移転を実施した直後に，株式移転完全子会社から実施された配当について，親会社は受取配当金（収益）として処理してしまった。

❶ 設例（よくある誤り）

　P社は，S社とX1年3月30日に株式移転を実施し，持株会社X社を設立した。当該株式移転は，P社を取得企業，S社を被取得企業とする取得と判定された。

　S社は，X1年3月31日に利益剰余金を原資として，X社に対して配当を実施した。

【スキーム図】

★X社の誤り

　X社は，利益剰余金を原資とした配当であることから，受け取った配当金を収益としてしまった。

利益剰余金を原資とした配当であっても，利益剰余金の計上時期が組織再編の前か後かで会計処理が異なる場合がある。

❷ 解　説

　その他資本剰余金の処分による配当を受けた場合には，配当の対象となる有価証券が売買目的有価証券である場合を除き，原則として配当受領額を配当の対象である有価証券の帳簿価額から減額することになります（企業会計基準適用指針第3号「その他資本剰余金の処分による配当を受けた株主の会計処理」3）。これは，投資成果の分配と投資そのものの払戻しを，支払側の配当の原資に従って区別することを意図した処理と考えられます。

　ただし，支払側の配当の原資に従って受取側が処理しても，必ずしも投資成果の分配と投資そのものの払戻しを整合的に処理できない場合があるため，留保利益を原資とする配当を受取配当金として計上すると，明らかに合理性を欠くと考えられる場合には，配当を受領した株主は，重要性が乏しい場合を除き，有価証券の帳簿価額を減額処理することが適当と考えられます（同適用指針17）。

　具体的には，取得直後の子会社からの利益剰余金を原資とした配当は，取得後の利益剰余金がないことに鑑みると，株式移転前の利益剰余金を原資とした配当であるため，投資の成果が分配されたものではなく実質的な投資の払戻しと考えることができ，受取配当金として計上することが明らかに合理性を欠くと考えることができます。したがって，このような場合には，配当受領額を子会社株式の帳簿価額から減額することが適当と考えられます。

❸ 設例（適正な会計処理）

　P社は，S社とX1年3月30日に株式移転を実施し，持株会社X社を設立した。当該株式移転は，P社を取得企業，S社を被取得企業とする取得と判定された。

　S社は，X1年3月31日に利益剰余金を原資として，X社に対して現金100の

配当を実施した。

X1年3月31日におけるＳ社の貸借対照表は以下のとおりである。

Ｓ社貸借対照表

諸資産	1,380	諸負債	700
		資本金	150
		繰越利益剰余金	530

◆Ｘ社の会計処理

　Ｘ社は，利益剰余金を原資とした配当を受領しているが，取得直後の子会社からの配当であり，取得後に稼得した利益剰余金がないことから，配当受領額を子会社株式の減額として処理する。

（借）　現　　　　金	100	（貸）　Ｓ　社　株　式	100

> ポイント ....

　取得に該当する組織再編の直後の配当など，利益剰余金を原資とした配当であっても，受取側で受取配当金として収益計上することが明らかに合理性を欠く場合には，投資そのものの払戻し，すなわち有価証券の減額として処理することが妥当な場合がある。

....

■編集及び執筆者

中川　寛将

公認会計士。第3事業部に所属。

主に，製造業，外食業，不動産業等の監査業務に従事。また，EYトランザクション・アドバイザリー・サービス株式会社（現 EYストラテジー・アンド・コンサルティング株式会社）に在籍中に多様な業種にわたるM&Aや企業組織再編に伴う財務デュー・ディリジェンスや会計ストラクチャリングを中心とした幅広いアドバイザリー業務を数多く実施。共著に，『医薬品ビジネスの会計ガイドブック』（中央経済社）がある。このほかに雑誌への寄稿も行っている。

■執筆者（五十音順）

久保　慎悟

公認会計士。公益社団法人日本証券アナリスト協会検定会員。FAAS事業部に所属。

公認会計士試験合格後，大手資格試験予備校における財務会計論講師を経て，現職。主に，食品業，投資業等の監査業務及び決算支援業務に従事。共著として，『こんなときどうする？　連結税効果の実務詳解』，『現場の疑問に答える会計シリーズ7 Q&A純資産の会計実務』（いずれも中央経済社），雑誌寄稿として「ケーススタディで理解する『組織再編の会計処理』【第12回・完】」（『旬刊経理情報』No.1567（中央経済社））などがある。

鈴木　宜紀

公認会計士。第2事業部に所属。

主に，石炭業，物流業，食品業等の監査業務を中心に，上場準備会社の監査業務にも従事する。

西尾　拓也

公認会計士。公益社団法人日本証券アナリスト協会検定会員。第3事業部に所属。

大手半導体製造業，民生品製造業等の日本基準及び米国基準による監査業務，内部統制助言業務や上場準備支援業務のほか，日本公認会計士協会実務補習所運営委員会副委員長や実務補習所カリキュラム・教材検討委員会の委員を務め後進育成にも従事している。
共著として，『電機産業の会計・内部統制の実務』，『取引手法別　資本戦略の法務・会計・税務』，『図解でスッキリ　デリバティブの会計入門』（いずれも中央経済社）などがある。

細川　貴志

公認会計士。貸金業務取扱主任者。FAAS事業部に所属。

　大手総合電機メーカー及びグループ子会社にて監査業務のほかJ-SOX導入支援業務や会計指導業務等のアドバイザリー業務を経験後，金融機関に出向し，与信審査業務や複数のファイナンス実務を経験しその後現事業部に所属。主に，大手商社やテクノロジー業界のIFRSコンバージョン支援やM&Aを含む連結決算支援業務等に従事。雑誌寄稿として『旬刊経理情報』(2007年5/10・20号及び8/20・9/1号（中央経済社))などがある。

M&A・組織再編会計で誤りやすいケース35

2022年3月15日　第1版第1刷発行
2024年9月20日　第1版第2刷発行

編　者　EY新日本有限責任監査法人

発行者　山　　本　　　　継

発行所　㈱中央経済社

発売元　㈱中央経済グループ
　　　　パブリッシング

〒101-0051　東京都千代田区神田神保町1-35
電話　03 (3293) 3371 (編集代表)
03 (3293) 3381 (営業代表)
https://www.chuokeizai.co.jp
印刷・製本／昭和情報プロセス㈱

＊頁の「欠落」や「順序違い」などがありましたらお取り替えいたしま
すので発売元までご送付ください。(送料小社負担)

ISBN978-4-502-41931-7　C3034